Hans-Peter Hempel | Alle Menschen sind Buddha

Fernab esoterischer Ambitionen umreißt
Hans-Peter Hempel zunächst die Grundzüge
der Zen-Lehre, um dann in einem zweiten
Band (RBL 20031) auf die praktischen Anwen-
dungen im Zen-Yoga einzugehen. So verbindet er die theoretische Lehre mit der praktischen Lebenskunst aus Fernost. Der Leser
wird eingeladen, sich von den Zwängen des
Alltags zu befreien, tief in sich hineinzuhorchen und sich auf eine Reise zu begeben,
die ihn in einen Zustand perfekter Harmonie
und persönlicher Erfüllung im Hier und Jetzt
versetzt. Ein Buch für alle, die mehr über
fremde Kulturen erfahren wollen und gleichzeitig die praktischen Aspekte dieser Lebens-
lehre für sich selbst gewinnen wollen.

Hans-Peter Hempel, geboren 1934, lehrt
Politikwissenschaft und Yoga an der Techni-
schen Universität Berlin. Zuletzt erschien von
ihm *Heidegger und Zen*, 1995, und *Natur und
Geschichte. Der Jahrhundertdialog zwischen
Heidegger und Heisenberg*, 1990.

Hans-Peter Hempel

Alle Menschen sind Buddha

Der Weg des Zen

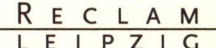

Besuchen Sie uns im Internet:
www.reclam.de

© Reclam Verlag Leipzig, 2002
Reclam Bibliothek Leipzig, Band 20032
1. Auflage, 2002
Reihen- und Umschlaggestaltung:
Gabriele Burde | Kurt Blank-Markard
Foto auf der 4. Umschlagseite: Autor privat
Gesetzt aus ITC Slimbach
Satz: Reclam Verlag Leipzig
Druck und Bindung: Reclam, Ditzingen
Printed in Germany
ISBN 3-379-20032-8

Ursel Ostermeier
in Liebe und Dankbarkeit

Inhalt

Vorwort

Wer bin ich? So lautet die zentrale Frage des Zen-Weges, die jeder Schüler für sich beantworten muss. Von der Antwort hängt die zweite zentrale Frage ab: In welcher Welt, in welcher Wirklichkeit, in welcher Zeit lebe ich?

Diese beiden Fragen können nur im *stillen Sitzen* bei sich selbst *(Za-sen)*, also in der Meditation Beantwortung finden.

> Sitze in aufrechter Haltung im Schatten eines Baumes,
> Schatten und Spuren vergehen.

Meditation stellt für den Zen-Schüler keine lästige Pflichtübung dar, sondern bildet vielmehr den eigentlichen Mittelpunkt seiner Lebenspraxis. Dabei respektiert Zen auch jeden anderen Weg, sofern er den einzelnen Menschen zu sich selbst führt.

Ich praktiziere den Zen-Weg in kleinen Gruppen, um den Bedürfnissen und Schwierigkeiten der einzelnen Schüler gerecht werden zu können. Dabei begleiten natürlich Krisen den Zen-Weg, gilt es doch zu begreifen, dass, solange wir unseren Geist, unsere Psyche und unseren Körper immer nur getrennt erfahren, wir innerlich zerrissen bleiben und unser inneres Gleichgewicht immer wieder verlieren. Zugleich geht es aber auch darum, zu entdecken, wie wir unsere Achtsamkeit noch weiter schulen, den Geist beruhigen und mit einer stets individuell angepassten Methode unseren Weg insgesamt weiter vertiefen können. Dem dient u. a. mein parallel erscheinendes Buch *Im Hier und Jetzt – Unterweisungen im Zen-Yoga*, Reclam Verlag Leipzig 2002.

Mein besonderes Interesse gilt – auch aufgrund meiner politikwissenschaftlichen Lehrtätigkeit an der Technischen Universität Berlin – nicht zuletzt dem interkulturellen Dialog. Zu meinen Lehrern rechne ich Osho, Krishnamurti, Ramana Maharshi, Lama Govinda, Tetsuo Rashi Nagaya Kinchi – und Martin Heidegger.

Ich danke dem Reclam Verlag Leipzig, Frau Maria Koettnitz und Herrn Bert Sander, insbesondere aber auch Frau Susanne Rick. Und nicht zuletzt Frau Vera Bitzenhofer und Frau Annegret Weiß-Caletti für die nie endende Hilfe bei der Fertigstellung des Manuskripts.

Berlin, Herbst 2001   *Hans-Peter Hempel*

Die äußere und die innere Welt

Die Soto-Schule, neben der Rinzai-Schule, die zweite große Zen-Schule, die im 13. Jahrhundert von Meister Dogen einge-führte ›Fortgeschrittenen-Schule‹ lehrt, dass alles, was wir mit ganzem Herzen, also mit ungeteilter Achtsamkeit und Hingabe tun, den Weg zum Nirvana öffnet. Die Achtsamkeit liegt auf dem, was im gegenwärtigen Moment geschieht, was immer man auch gerade tut. Meister Cheng-Tao-Ke: Gehend in Zen, sitzend in Zen / Sprechend oder ruhig / Bewegend, unbewegt / Das Wesen ist stimmig.

Das Leben gehorcht sich selbst – auch wenn alle Religionen bisher versucht haben, uns dem Leben zu entfremden. Sie sagten: Hört nicht so sehr auf das Leben, hört allein auf Gott; hört nicht so sehr auf euer Herz, sondern auf die Glaubensvorschriften; hört nicht so sehr auf euren Körper, sondern hört auf die Heiligen – und dies, obwohl unser Körper Intelligenz und Weisheit genug besitzt und unser Herz aufs Genaueste die Wege der Liebe und die verborgenen Geheimnisse unserer Existenz kennt – wir brauchen uns nur auf sie wirklich einzulassen.

Solange wir darum nicht unserer eigenen Intelligenz und unserem eigenen Lebensrhythmus folgen, werden wir ständig von Fiktionen beherrscht werden und von einer Falle in die andere stolpern.

Selbst nach den Erfahrungen des Dritten Reiches glauben wir immer noch, dass es besser sei, auf angeblich weisere Menschen als auf uns selbst zu hören. Wir vertrauen immer noch alten Traditionen, alten Schriften und alten Lebensgrundsätzen mehr als uns selbst – mit dem Ergebnis, dass wir im Status der Unmündigkeit verbleiben. Solange wir immer noch außerhalb von uns selbst nach Rettung und Erhörung suchen, so lange bleiben wir Sklaven. Unsere Authentizität wird durch Statuen in irgendwelchen Tempeln ersetzt. Dabei reden ganz schlaue Priester uns immer noch ein, unsere Retter sein zu wollen, indem sie uns davon zu überzeugen versuchen, dass wir uns selbst nicht retten könnten, dass wir einen ›Erlöser‹ benötigen – ja sie suggerieren uns gar, dass wir selbst nicht entscheiden könnten, was ›falsch‹ und was ›richtig‹, was Gott-›gefällig‹ ist und was nicht, und dass wir dafür spezielle Anweisungen und Instruktionen bräuchten. So vergessen wir, dass wir ein Recht darauf haben, unser eigenes Leben zu leben.

Da wir Menschen aber Individuen sind, ist die Erteilung von Befehlen nicht nur anmaßend, sondern geradezu absurd. Daher wird auch kein intelligenter Mensch versuchen, unserem Leben einen bestimmten Stil, einen bestimmten Charakter und eine bestimmte Moral aufzuzwingen, wenn wir selbst das nicht wollen. Wir können andere Menschen lediglich darin bestärken, ihr eigenes Wesen zu finden und die Sprache ihres Körpers verstehen zu lernen. Zwingen können wir sie nicht. Wir werden ihnen die Freiheit lassen müssen, ihren eigenen Weg zu gehen – und dies in der Erkenntnis, dass das Elend in dieser Welt immer noch dadurch verursacht wird, dass wir uns und andere zwingen, vorgegebenen Normen zu entsprechen.

Normen basieren in der Regel auf einem Durchschnittsdenken, gewissermaßen auf einem mathematischen Konzept, das nichts mit dem Leben als solchem zu tun hat und schon gar nicht auf unsere individuelle Existenz eingeht. Durchbrechen wir diese Normen, wird unser Leben wesentlich reicher und vielfältiger als bisher. Es beginnt dann seinen eigentlichen Sinn erstmals zu erschließen. Es wird klar, dass jeder

Einzelne von uns einmalig, unersetzbar seinen eigenen Tod stirbt, wie er sein eigenes unvertretbares Leben lebt. Aber das reicht nicht aus: Unser Allein-sein, das in dem Begriff Individuum enthalten ist, geht niemals in einem anderen Menschen auf. Ob wir mit einem Menschen zehn oder zwanzig gar fünfzig Jahre lang zusammenleben, macht dabei keinen Unterschied. Wir bleiben uns auf eine sehr eigentümliche Art fremd. Es handelt sich um eine Gegebenheit, die wir akzeptieren müssen.

Ich weiß nicht, wer Sie sind und Sie wissen nicht, wer ich bin, wie auch ich selbst nicht weiß, wer ich bin und mich daher auch nicht anheischig machen kann, wissen zu wollen, wer Sie sind – selbst wenn ich Sie schon lange ›kennen‹ würde.

Nun benehmen wir uns aber – vornehmlich in unseren Partnerschaften – so, als wüssten wir, wer der andere sei. Der Streit der Liebenden lässt dann auch nicht lange auf sich warten. Zu groß ist die Enttäuschung, wenn wir feststellen, dass wir einander eben doch nicht kennen und uns eigentümlich fremd bleiben – mit der Folge, dass wir trotz unserer Beziehung weiterhin mit uns selbst allein sind, ja mehr noch: dass uns die Anwesenheit des anderen unser Allein-sein noch viel bewusster macht. Wir können diesem Allein-sein nicht aus dem Wege gehen, weder durch den Bund der Ehe noch durch andere Bindungen.

Aber wir können uns auf uns selbst und eben auf dieses Allein-sein einlassen.

Von dem Augenblick an, in dem in uns das Gefühl aufkommt, wirklich allein zu sein, genau dann geschieht Meditation! Alles fällt von uns ab; wir sind frei. Allein-sein ist daher die einzige Wirklichkeit, der alleinige ›Grund‹ unserer Existenz, die sich ins Unbekannte und Geheimnisvolle zurücknimmt.

Camus hatte Recht: Wir sind und bleiben einander Fremde;

wir haben uns mehr oder weniger zufällig getroffen und leben auch mehr oder weniger zufällig zusammen, weil wir nicht allein für uns leben wollen und womöglich auch nicht können. Aber auch dann noch versuchen wir, unser Alleinsein zu vergessen, gar zu verdrängen und unsere Individualität zu verleugnen: in dem Anderen, in der Menge, in den Drogen verschiedenster Art – und dies auch dann noch, wenn wir nicht erst zu ahnen beginnen, sondern längst schon wissen, dass das Geheimnis unserer Existenz in eben diesem Alleinsein selbst liegt.

Von dem Augenblick an, in dem wir aufhören, vor uns selbst davonzulaufen, beenden wir die Flucht vor uns selbst. Wir lassen unser Ich fallen, so dass wir erst jetzt auch wirklich zu helfen in der Lage sind. Denn solange jeder Einzelne von uns voller Probleme steckt, können wir im Grunde genommen auch anderen nicht helfen. Wir benutzen ihn lediglich zur Überspielung unserer eigenen Probleme. Der Mann lädt seinen Müll auf die Frau ab und die Frau auf den Mann. Die Eltern laden ihren Müll auf die Kinder ab und die Kinder auf die Eltern und zu guter Letzt der Psychotherapeut auf seinen Patienten.

Wenn wir den Yoga-, den T'ai-Chi- oder den Zen-Weg gehen, geht es nur um eine einzige Frage: wie wir ohne Angst tiefer als bisher in dieses unser Alleinsein hineingehen können; denn sobald dies geschieht, sind wir frei.

Diese Freiheit stellt eine Erfahrung dar, die sich mit nichts anderem vergleichen lässt. Was dazu erforderlich ist, ist ganz einfach: Wir müssen lernen, endlich einmal stehen und sitzen zu bleiben, um uns unserer eigenen Selbsttäuschungen bewusst zu werden und sie ein für alle Mal zu beenden. Wir brauchen nur wir selbst zu sein und uns daran zu erinnern, dass wir allein geboren und allein sterben werden; unser Allein-sein ist und bleibt unsere Wirklichkeit.

Ich rate daher, sooft wie möglich mit vollem Bewusstsein in

dieses Alleinsein hineinzugehen, und die Probleme, die jeder mit sich herumträgt, werden sich von selbst auflösen; der Selbsterkenntnis steht nichts mehr im Wege. Von dem Moment an, in dem dies geschieht, können wir tun, was wir wollen: Es wird für jeden, dem wir von nun an begegnen, eine Hilfe sein, da wir unseren Müll jetzt auf keinen anderen mehr abladen.

Wir Menschen bestehen im Grunde genommen aus zwei Welten: einer, die nach außen und einer, die nach innen gerichtet ist. Aus dieser Dualität sind fast alle Probleme der Welt entstanden, wobei es uns bisher offensichtlich nicht möglich war, beide Welten gleichzeitig wahrzunehmen und sie miteinander zu vereinen. Wenn wir die eine Welt wählen, vergessen wir die andere. So hat der ›alte Osten‹ den Menschen bisher ausschließlich als Seele, als Bewusstsein, als Geist, als ein nach innen gerichtetes Wesen verstanden, das die nach außen gerichtete Seite seines Wesens verneinte. Die östlichen Mystiker haben über Jahrtausende hinweg die Wirklichkeit der Welt geleugnet, ja sie stellten sogar die Behauptung auf, sie sei ein bloßer Traum, sie sei *maya*, eine Illusion; sie sei nicht wirklich da, sie sei nur eine Fata Morgana, eine bloße Erscheinung.

Der ›neue Westen‹ entschied sich dagegen für die äußere Welt, um die innere Welt zu verneinen. Wir im Westen sahen uns gewissermaßen nur als Körper, nicht aber als Bewusstsein, als Geist, als Seele. Unter dieser Voraussetzung entwickelten wir die spezifisch neuzeitliche Wissenschaft und Technologie, mit deren Hilfe wir inzwischen auch schon auf dem Mond gelandet sind. Aber merkwürdigerweise entstand trotz dieses Wissens eine tiefe Leere in uns, ein Leiden *(dukka)*, das uns bis heute geblieben ist. Dabei scheint es schwierig zu sein, genau festzustellen, was uns eigentlich fehlt, obwohl absolut sicher ist, dass uns ›etwas‹ fehlt. So haben wir im

Westen alle Dinge der Welt, spüren aber doch, dass wir nicht eigentlich wirklich sind; das Ergebnis ist ein neurotisches Elend, wohin wir auch blicken.

Das Elend des Ostens ist dagegen ein anderes. Wenn man davon ausgeht, dass die äußere Welt nicht existiert, kann es natürlich auch keinen wissenschaftlich-technischen Fortschritt geben. Denn wenn alle Objekte bloße Erscheinungen, also Illusionen sind, dann ist es auch völlig absurd, diese Welt zu analysieren und den Versuch zu unternehmen, Gesetzmäßigkeiten der Natur zu entdecken.

Wenn die äußere Welt ohnehin nur ein Traum ist, was macht es da schon aus, ob wir satt zu essen haben oder hungern?

Der Osten hat sich offenbar damit abgefunden, zu verhungern und sich darauf beschränkt, in der inneren Wirklichkeit ›Wege‹ zu suchen, um still zu werden, voller Frieden zu sein und jene Glückseligkeit zu genießen, die in der Tat in uns aufsteigt, wenn wir immer tiefer in unsere Innenwelt eintreten.

In dem Augenblick, in dem wir aufwachen, stellen sich beide Träume als unvollkommen heraus.

Der Osten hat jahrhundertelang Spiritualität, Bewusstsein, Erleuchtung und Meditation hochgehalten und ist dabei äußerlich gesehen ein Bettler geblieben: krank, hungrig und versklavt, während der Westen unentwegt Dinge anhäufte und weiter anhäuft, um sich darin völlig zu verlieren. Im ›Westen‹ flüchten wir mit anderen Worten ständig vor uns selbst. Dem entspricht selbstverständlich auch unsere Philosophie. Aber weil wir alle in demselben Boot sitzen, erkennen wir unsere eigentliche Not nicht. Der Westen ist zum gigantischen Zuschauer geworden: Ein anderer liebt im Film, ein anderer kämpft im Boxkampf, ein anderer spielt Fußball. Und tief im Innern identifizieren wir uns auch noch mit diesen Maskeraden. Wir haben alles den Profis überlassen und begnügen uns

mit der Rolle des bloßen Zuschauers. Die Falle ist zuge-
schnappt.

Wir haben im Abendland ständig Angst, uns selbst zu begegnen. Denn angesichts der uns eingetrichterten Perspektiven,
die sich im Wesentlichen auf Wirtschaftswachstum und tech-
nologischen Fortschritt beschränken, würden wir dort nur
eine gähnende Leere vorfinden.

Im Osten hingegen hat man dort Schätze, Mysterien und Geheimnisse gefunden. Aber schon tauchte auch hier eine zentrale Schwierigkeit auf: dass sich die innere Wirklichkeit nun
einmal nicht materialisieren und nicht objektivieren lässt. Wir
können sie vor keinem Gericht ›beweisen‹. Wir können noch
nicht einmal Zeugen für diese Schätze bringen, denn außer
uns selbst können wir niemanden in unser Inneres einlassen.
Die Schlussfolgerung lautete demzufolge: Entsagen wir der
Welt und ziehen wir stattdessen in den Himalaya oder tief in
die Wälder (die es inzwischen nicht mehr gibt), wo wir absolut
wir selbst sein können. Doch beide Alternativen, die des Ostens wie die des Westens, haben jeweils immer nur den halben
Menschen im Blick, so dass wir alle ständig auf irgendeine
Weise leiden. Der Osten leidet aufgrund seiner Buddhas,
Mahaviers, Bodhidharmas und Kabirs. Der Westen leidet auf-
grund von Galilei, Kopernikus, Kolumbus, Descartes und
Albert Einstein: weil sie alle nur den halben Menschen vertre-
ten.

Das ›Innen‹ ist genau so wirklich wie das ›Außen‹; Unterscheidungen zu treffen, verschafft uns keinen wirklichen, nur
einen scheinbaren Fortschritt. Denken wir ganzheitlich, so
müssen wir in absehbarer Zeit ein gewisses Gleichgewicht erreichen, bei dem weder das Innen noch das Außen vor-
herrscht, sondern sich beide gegenseitig ergänzen.

Nach Innen zu gehen und in meditativer Stille zu leben,
schadet der realen Welt in keiner Weise. Wir brauchen sie da-

her nicht von vorneherein zu verurteilen und als Illusion abzutun, um in ihr auch weiter ›wohnen‹ zu können.

Es gibt eine sehr schöne Geschichte über den indischen Mystiker Shankara. Dieser vertrat die Ansicht, dass die Welt absolut illusorisch sei. Eines Morgens stieg er in aller Frühe aus dem Ganges, in welchem er vor dem Gebet sein Morgenbad genommen hatte. Die Sonne war noch nicht aufgegangen; es war noch dunkel. Er kam die Felsen von Varanasi herauf, als ein Mann ihn berührte. Das wäre eigentlich kein Problem gewesen, aber der Mann sagte: »Vergib mir, ich darf eigentlich nicht einmal in deiner Nähe sein; ich bin Sudra, ein Unberührbarer. Selbst mein Schatten ist schlecht.« Shankara war daraufhin sehr verärgert. »Jetzt muss ich noch einmal ein Bad nehmen, um mich zu reinigen«, schimpfte er. Da erwiderte der Unbekannte, der ihn berührt hatte: »Bevor du das nächste Bad nimmst, musst du mir ein paar Fragen beantworten. Eine ist, wenn das Außen unwirklich ist, glaubst du, dass ich Wirklichkeit bin? Ich bin mit Sicherheit außerhalb von dir, und wenn das Außen unwirklich ist, was ist dann die Wirklichkeit des reinen Flusses Ganges der Hindus? Auch er ist außen. Und was denkst du über deine eigene Haut? Ist sie innen oder außen? Solange du mir das nicht erklärst, werde ich hier bleiben. Du kannst so viele Bäder nehmen, wie du willst, ich werde dich wieder und wieder berühren.«

Die Hindus sprechen bis heute nicht gerne über diesen Vorfall.

Shankara jedenfalls scheint kein besonders ehrlicher Mensch gewesen zu sein. Denn selbst nach diesem Vorfall predigte er weiterhin, dass das Außen eine reine Illusion sei. Jeden Tag brauchen wir Nahrung von außen. Wenn dieses Außen aber unwirklich ist – wem sollten wir dann entsagen? Und wohin gehen wir dann, wenn wir sagen: Wir gehen zum Himalaya? Der Himalaya ist doch genau so draußen wie das Haus, in dem wir wohnen, außen ist.

Nicht weniger gravierend ist der Trugschluss der westlichen Denkweise, die das Prinzip des unendlichen Wirtschaftswachstums zu ihrem Credo erhoben hat und damit für jenen Raubbau an unseren natürlichen Ressourcen verantwortlich ist, der uns zusehends die Luft zum Atmen nimmt. Andererseits wissen wir aber: Die Wirklichkeit *ist* unteilbar. Das Außen, es kann ohne das Innen nicht existieren, noch kann das Innen ohne das Außen existieren.

Nur dann, wenn wir in dem hier angedeuteten Sinne ganzheitlich zu denken beginnen, können wir uns weiterentwickeln und unseren Wachstumsprozess fortsetzen. Das lehrt uns dieser berühmte Dialog.

Der heute so sehr gepriesene Erfolg des Westens besteht darin, dass wir uns sechzehnmal vernichten können. Der Erfolg des Ostens besteht darin, dass dort jeder Zweite hungern muss. Bis zum Ende dieses Jahrhunderts werden schätzungsweise 500 Millionen Menschen sterben, wobei die Menschen in China, Taiwan, Korea und Japan in dieser offiziellen Statistik nicht mitgerechnet wurden. Der Planet kann diese riesige Menschheit nicht mehr erhalten, wenn die Dinge weiter so laufen wie bisher.

Wir hier im Westen brauchen dringend eine meditative, besinnliche Denkweise; der Osten muss lernen, mit der Wissenschaft in lebensbejahender Weise umzugehen, um ein soziales Dasein zu schaffen, in dem weder Armut noch Hunger herrschen. Wir alle sollten unsere Energie in der Außenwelt kreativ einsetzen – was nur möglich ist, wenn wir endlich damit beginnen, meditativ zu leben. Meditation verbraucht keine Energie – ganz im Gegenteil: Sie trägt dazu bei, sie zu erhalten. Wenn wir erst einmal gelernt haben, Meditation und wissenschaftliches Denken im Umgang mit der Welt, in der wir leben, zu verbinden und aus dieser Einheit heraus eine wirkliche Veränderung unserer gegenwärtigen Lebenspraxis herbeizuführen, erst dann werden wir in eine neue Phase der Menschheitsgeschichte eintreten, die dann auch Abschied nimmt von dieser Wahnsinnswelt, von diesem »Irrenhaus des Universums«, in dem wir sowohl im Westen wie auch im Osten heute leben.

Jenseits von allen Göttern und Teufeln

Das Leben besteht offenbar nicht nur aus dem, was wir den jeweiligen Normen unserer Gesellschaft gemäß erfahren. Das Leben ist viel mehr. Es übersteigt bei weitem unsere Träume, unsere Vorstellungen, unsere Phantasie. Das Leben, in dem wir durch alle Krisen hindurch, also reichlich wackelig, den aufrechten Gang zu gehen versuchen, ist immer noch ein ungeheures Mysterium.

Bodhi-Dharmas[1] Unterweisungen basieren auf den Sutras des Mahayana-Buddhismus. Er betont die Wichtigkeit des Lankavatara-Sutra, wörtlich: das ›Sutra über das Herabsteigen nach Ceylon‹, d. h. die Lehre der ›inneren Erleuchtung‹, die alle Dualität aufhebt und über alle Unterscheidungen erhaben ist. Diese Erfahrung wird durch das Thatagata Garbha möglich, was so viel heißt wie ›den Thatagata (d. h. den Buddha) in sich enthaltend‹. Das heißt präzisiert: Alle Menschen sind Buddha.

In dem genannten Sutra finden wir auch jene Auffassung wieder, die der erste von Bodhi-Dharma befragte Schüler als Antwort formulierte: dass Worte nicht wesentlich zur Vermittlung der Lehre Buddhas taugen. Wir haben danach das, was Bodhi-Dharma uns verständlich machen möchte, erst dann wirklich verstanden, wenn wir seine Worte vergessen haben. In dieser Frage kommt die Verwandtschaft zur Lehre des Zen ganz besonders deutlich zum Ausdruck. Dieses Sutra

---

1 Bodhi-Dharma (470–543?) gilt als der 28. Patriarch nach Buddha in der indischen und der 1. chinesische Patriarch des Zen in der chinesischen Linie.

ist daher neben dem Diamant-Sutra und dem Mahayana-schraddhotpada-Shastra einer der ganz wenigen Mahayana-Texte, die einen großen Einfluss auf die Zen-Schulen ausgeübt haben.

Das Mahayana, das im 1. Jahrhundert v. Chr. aufkam, bezeichnet sich als ›Großes Fahrzeug‹, da es dank seiner Vielfältigkeit einer großen Anzahl von Menschen, ja im Grunde allen Wesen, den ›Weg‹ weist. Während die Hinayana die eigene Erlösung anstrebt, will der Anhänger des Mahayana die Erleuchtung erlangen, um jetzt zum Wohle aller Wesen wirken zu können.

Diese Haltung ist im Ideal des Mahayana, dem Bodhisattva, verkörpert, dessen hervorragende Eigenschaft das Mitgefühl ist. Der Bodhisattva strebt dabei die Buddhaschaft an. Er verzichtet jedoch so lange auf das Eingehen ins Nirvana, bis alle Wesen den ›Weg‹ gefunden haben und ihn gehen.

Das Lankavatara-Sutra besteht aus neun mit Liedern vermischten Prosakapiteln und einem Kapitel in Versen. Es wurde im 5. Jahrhundert zum ersten Mal ins Chinesische übersetzt.

Die Rahmenhandlung bildet eine Lehrversammlung auf Ceylon, bei der Der Buddha, d. h. der Erwachte, auf Einladung eines Königs verschiedene Fragen beantwortete, die ihm vom Bodhisattva Mahamati gestellt wurden, und bei der er eine dem Yogachara verwandte Lehre verkündete.

Das typische chinesische Zen, das aus der Verschmelzung des von Bodhi-Dharma vertretenen Dhyana (Meditation)-Buddhismus mit dem bodenständigen, d. h. lebensbejahenden chinesischen Taoismus entstand – und das als eine ›besondere Überlieferung außerhalb der (orthodoxen) Lehre‹ (kyoge Betsuden) bezeichnet wird –, entwickelte sich dann erst mit Hui-meng, dem 6. Patriarchen des Zen in China, und den auf ihn folgenden großen Zen-Meistern der T'ang-Zeit.

Dies und die vielen anderen Fakten zu wissen, ist jedoch nicht wichtig. Viel wichtiger ist es, dass wir die Essenz, den Gehalt, den Duft, den Ton wahrzunehmen beginnen, den Zen ausmacht.

Im Mittelpunkt steht die Befreiung von den uns bis heute aufgezwungenen Glaubenssystemen, die alle von der verhängnisvollen Vorstellung von Himmel und Hölle reden. Mit beidem wird in uns Gier und Angst erzeugt; die Gier, in den Himmel, die Angst, in die Hölle zu kommen. Die Folge ist, dass wir ständig leiden. Hinzu kommt, dass die etablierten Religionen von uns erwarten, dass wir den festgelegten Glauben bedingungslos annehmen und einhalten. Das Fatale dieses Dogmas besteht jedoch darin, dass sich damit in uns ein kaum zu überwindender Widerspruch auftut, da wir in unserem Innersten wissen, dass wir gar nichts wissen. Wir unterdrücken also mit anderen Worten ständig unseren Unglauben.

Im Grunde genommen weiß jeder Christ, dass er das, was er glauben soll, nicht wirklich glaubt. An was er wirklich glaubt, ist letztlich identisch mit seinem durchaus verständlichen Verlangen, in den Himmel kommen zu wollen, um die hier dargebotenen Köstlichkeiten eines Tages vielleicht doch noch genießen zu können.

Die Rede von Gott und Teufel hält uns so in unserer Unfreiheit fest. Warum, so wurde zu allen Zeiten gefragt, hat Gott, der Allmächtige, wie er genannt wird, diese doch recht rätselhafte Welt überhaupt geschaffen? Und was hat er davor gemacht?

Auf diese Frage erfolgt häufig die Antwort: Gott hat uns Menschen, sein eigentliches Ebenbild, in unsere Freiheit entlassen.

Aber warum hat er dann Himmel und Hölle erschaffen?

Denn wenn er wirklich Freude am Erschaffen gehabt hätte – nehmen wir dies einmal an –, hätte er uns nicht auch ohne das erschaffen können, was uns schon in wenigen Sekunden in die Hölle bringen kann?

Wenn er diese Welt erschaffen hat, hätte er uns schließlich dann nicht auch ohne Gier, ohne Hass, ohne Verblendung und frei von Ängsten erschaffen können? Es hätte dann sicher weder Kriege noch Folter- und Konzentrationslager gegeben.

Merkwürdig bleibt: Gott schafft Liebe in uns, Wut und Aggressionen, um uns zu sagen, dass wir dies nicht zulassen sollen!

Der Buddha fragt, was wäre, wenn wir einfach nur auf unsere Natur hörten. Würde sich dann nicht von ganz allein jene innere Transformation vollziehen, die uns die Welt, in der wir leben, in ihrer ganzen Pracht wahrnehmen ließe?

Das geschähe selbstverständlich nur, so Der Buddha, wenn sich jeder Einzelne von uns endlich erst einmal akzeptieren würde und wenn er zugleich damit auch akzeptieren könnte, nicht wirklich zu wissen, *woher* er kommt, *wohin* er geht und *wozu* er überhaupt in dieser mitunter überaus makabren Welt lebt. Von diesem Augenblick an entstünde etwas gänzlich Neues, und zwar ohne jene gestörte Selbstakzeptanz und jene sündhaften Schuldgefühle, die Christen von Kindesbeinen an verfolgen und immer wieder Gott gegenüber in sinnlose Fragen verwickeln.

Im tiefsten Inneren weiß der Mensch natürlich auch, dass er unschuldig ist – was ihn immer wieder zu offenen oder versteckten Heucheleien und Perversionen verführt. Der Buddha ermuntert ihn daher zu einem Sprung: Befreien wir uns von den uns bis heute überlieferten Götter- und Teufelsvorstellungen – und unser Dasein wird wahrhaftiger, ehrlicher, unser Gang aufrechter!

Wir Menschen stellen keine außergewöhnliche Spezies unter den Lebewesen dar. Wir sind einfache, sehr gewöhnliche, natürliche Wesen, die, wenn sie nur sie selbst wären, weder Katholiken noch Protestanten, weder Juden noch Mohammedaner, weder Hindus noch Buddhisten zu sein brauchten. Sie wären wirklich freie Menschen. Die Folge wäre unter anderem auch, dass wir dann keine Synagogen, keine Kirchen und Moscheen mehr bräuchten. Achtsamkeit, Mitgefühl und Liebe in ihren nicht verengten Formen entwickelten sich dann von selbst. Wir hörten, sobald wir im Hier und Jetzt entspannt lebten, nur noch auf das unverstellte, nicht eingeengte Leben, das dann auch seinen Sinn preisgeben würde.

Unsere unleugbaren Leiden resultieren aus der Weise, *wie* wir miteinander in dieser Welt leben und wie wir unser Leben ausrichten.

Normalerweise halten wir uns für identisch mit dem, was wir denken und glauben. Aber in Wirklichkeit ist das, was wir denken und glauben, nur das, was uns zu denken und zu glauben von Kindheit an aufgegeben wurde. Daher ist die Frage, *wer* wir Menschen denn eigentlich sind, nicht von der Einsicht zu trennen, dass wir in keinem Falle der- oder diejenige sind, der oder die wir zu sein glauben, so dass es in der Tat zu dem aufschreckendsten Erlebnis in unserem Leben gehört, wenn wir mit uns selbst konfrontiert werden – wenn wir uns selbst erstmals wirklich begegnen. Von dem Zeitpunkt an, in dem wir damit beginnen, uns selbst zu begegnen, werden alle Überzeugungen, alle bislang verteidigten Wertvorstellungen, unsere so genannten höheren Ideale, Leitgedanken, Vorlieben, aber auch Glaubenssysteme hinfällig. Wir lassen sie los und beginnen so, eine erste Ahnung davon zu gewinnen, **wer** wir denn eigentlich selbst wirklich sind. Alle weiteren Schritte folgen dann.

Selbst erfolgreiche Revolutionäre bekämpfen anmaßende Glaubenssysteme nur, um unterschwellig und unbewusst ihren Konditionierungen dann doch wieder die Treue zu halten.

Diese Haltung tritt spätestens dann ein, wenn sie ihre revolutionäre Macht ausüben und ihre Vision von der ›neuen‹ Gesellschaft der Mehrheit aufzuzwingen beginnen. Auf Beispiele kann ich hier sicher verzichten.

Weil wir *in uns* gespalten sind, uns selbst wenig kennen, ja nicht wirklich wissen, wer wir selbst sind und uns demzufolge auch nicht im Einklang mit der Welt befinden, wollen wir die Leere, dieses Loch in uns ständig dadurch stopfen, dass wir zu irgendeiner Gruppe oder Partei gehören wollen, die noch ›größer‹ und möglicherweise auch noch ›macht‹-voller ist als wir selbst.

Der nächste Identifikationspunkt ist dann die Gesellschaft oder gar unsere Nation. Wenn wir genau darauf achten, können wir solche Identifikationsversuche ständig beobachten, von denen wir uns immer wieder die Aufhebung unserer inneren Gespaltenheit versprechen und den tief empfundenen Mangel an Individualität zu verdecken versuchen. Das Verhängnis besteht darin, dass die Schuldgefühle, die den Einzelnen von sich selbst trennen, ihn auch von seiner Umwelt trennen und schließlich abspalten. Dies muss notwendig zur Zerstörung des Menschen führen.

Zen lehrt demgegenüber: Wenn wir von den Quellen unserer natürlichen Lebensenergie abgeschnitten werden, werden wir auch von uns selbst abgeschnitten und damit von den anderen Menschen und der uns umgebenden Welt, also vom Leben selbst, und die Tatsache, dass wir uns heute in einer fundamentalen Lebensvernichtungskrise wie noch zu keiner Zeit der Geschichte befinden, ist kein Zustand, der sich schnell auf wissenschaftlich-technische Weise beheben lässt. Die Wurzeln dieses Wahnsinns liegen in unseren Konditionierungen, die wir nicht so ohne weiteres abstreifen können, auch wenn wir vielleicht einsehen, dass es sich dabei um recht merkwürdige Motive handeln muss, die den biblischen Gott einst bewegt haben müssen, seine Kinder aus dem Paradies zu vertreiben, weil sie nach Weisheit und Unsterblichkeit suchten!

Mittels des Dogmas kontrolliert eine ganze Armee von Priestern seither unsere Innenwelt, die Agenten des heutigen wissenschaftlich-technischen Fortschritts unsere Außenwelt. Eine totalere Entmündigung des Menschen ist kaum noch vorstellbar. Der Mensch braucht nach christlicher Lehre (a) einen Mittler und (b) wird von ihm die Aufopferung des Heute zugunsten des Morgens gefordert, so dass eine Rebellion gegen die gegenwärtigen Zustände unmöglich wird. Daran hindert uns die Erbsünde. Im Grunde kommt in dieser Haltung eine lebensfeindliche Einstellung gegenüber dieser Welt zum Ausdruck, die sich in allen religiös motivierten Bewegungen der Gegenwart zeigt.

Zen ist ein Weg ohne Gott, frei von Priestern, frei von Glaubensdogmen: ohne Himmel und Hölle.

Zen setzt auf die Suche des Einzelnen nach sich selbst. Was übrig bleibt, ist gleichsam die Essenz eines Weges, befreit von Priestern und Politikern, ohne Kirchen, Tempel und Synagogen; lebensbejahend gegenüber dem lebensverneinenden pathologischen Grundmuster von Gott und Teufel und mithin gefeit gegen jene vertrackte Theologie, die die Psychopathologie und damit den Wahnsinn unserer Tage zur Norm erhoben hat. In einfachen Worten ausgedrückt, geht es darum, uns in unserem Körper erst einmal wirklich wohl zu fühlen, ihn zu mögen, ihn zu genießen, ihn lustvoll zu erleben. Dabei bildet der Atem die Basis, unseren Körper zu akzeptieren und, wenn auch erst in kleinen Schritten, auf uns selbst zuzugehen, unsere Gefühle zu erspüren und schließlich auch ausdrücken zu können.

Zen lehrt: Im Leben ist alles, was wertvoll ist, immer aus sich selbst heraus auch sinnvoll. Leben in diesem Sinne heißt: im irdischen Sinne lebendig zu sein.

Das Wort ›Leben‹, das jeder von uns täglich verwendet, ist

heute jedoch so tot wie alle Substantive tot sind. Nur Verben entsprechen unserer wirklichen Existenz. Das Einzige, mit dem wir es zu tun haben, ist Lebendigsein‹ wobei jeder Moment unseres Lebendigseins sinnvoll ist. Mit anderen Worten: lebend ›da‹-sein – dann erfahren wir auch ohne Einschränkung den *Sinn* unseres Lebens, der so vielen Menschen verschlossen bleibt, weil sie in die falsche Richtung fragen. Wir nehmen mit anderen Worten heute das Leben nicht wirklich in seinem ganzen Reichtum und seiner Sinnfülle wahr. Wir sind nicht wirklich *da*, wo wir da zu sein scheinen. Wir schlafen bzw. dösen apathisch vor uns hin. Die Folge ist: Der Sinn, ohne den wir offenbar nicht leben können, entzieht sich uns auf verhängnisvolle Weise ständig.

Diesen Sinn finden wir in keiner gesellschaftlichen Institution, weder im Staat noch in der Kirche, in keiner metaphysischen Abstraktion, in keiner Philosophie oder Wissenschaft, weder in der Vergangenheit noch in der Zukunft, sondern nur im Hier und Jetzt, in dieser Gegenwart.

Das Leben fordert von uns, präsent zu sein, egal, wo wir uns auch gerade befinden. Es spielt überhaupt keine Rolle, wo wir uns aufhalten. Entscheidend ist: ganz ›da‹, gegenwärtig zu sein, so dass jede unserer Handlungen allein durch unsere Präsenz erhellt wird; erst dann können wir auch von einem erfüllten Leben sprechen.

Zen lehrt: Erwachsen zu werden besteht darin, aufzuwachen und im Akt des Aufwachens zu transformieren; alles Sinnlose verschwindet dann von allein.

Wachsein bedeutet, nicht mehr weiter einen roboterartigen Lebensstil zu pflegen. Indem wir uns bewusster bewegen, verlassen wir die Routine unseres Alltagslebens und werden schließlich zu wirklich hörenden und sehenden Menschen. Voraussetzung dafür ist wiederum, dass wir jede unserer Handlungen bewusst wahrnehmen. Wenn wir in diesen

Bewusstwerdungsprozess unsere ganze Energie investieren, finden wir auch den Weg aus der Gefahr, in der wir uns heute angesichts der Folgen eines wahnwitzigen wissenschaftlich-technischen Fortschritts befinden. Solange wir nicht aufwachen, nicht wirklich wach werden, werden wir weiter im Wahn, in der Welt der permanenten Täuschungen und Enttäuschungen leben und unserem gegenwärtigen verhängnisvollen Lebensmuster unverändert verhaftet bleiben.

Leben ist Bewegung. Unser Unglück, unser Leid entsteht in dem Augenblick, in dem wir glauben, das Leben ›fest‹-halten zu können oder gar ›fest‹-halten zu müssen. So können wir immer wieder beobachten, wie wir uns an unserer Vergangenheit, aber auch an einer imaginären, weil noch gar nicht eingetretenen Zukunft ›fest‹-klammern. Die Folge ist: Wir werden bewegungsunfähig. Wir wollen uns der Vergangenheit und Zukunft vergewissern, indem wir sie berechenbar und planbar machen – um uns so gewissermaßen vom zeitlichen Gegenpol her immer wieder in eine Falle zu locken.

Wir sollten daher erst einmal damit beginnen, den Moment unseres täglichen Aufwachens wirklich wahrzunehmen. Wenn wir fühlen, dass der Schlaf uns verlassen hat, öffnen wir unsere Augen nicht sofort; wir halten unsere Augen geschlossen und spüren den Energiewechsel zwischen Schlaf und Wachsein; lassen wir die Augen zu und sehen wir ihn uns noch einmal von innen an; strecken und bewegen wir uns – und lassen wir unsere Körperenergie fließen. Dieses Gefühl wird uns dann den ganzen Tag lang begleiten.

Strecken wir uns zwei oder drei Minuten lang.

Das Erste, was wir morgens erleben und das Letzte, was uns vor dem Schlafengehen beschäftigt, ist schließlich ausschlaggebend für unser Wohlbefinden.

Beginnen wir den Schlaf mit einer tiefen Entspannung, so dass die Nacht zum *samadhi* wird – entspannt in Meditation.

Sechs, sieben oder acht Stunden sind eine lange Zeit. Wenn

wir sechzig Jahre leben, verbringen wir rund zwanzig Jahre davon im Bett; das ist viel. Wenn wir also die Qualität unseres Schlafes verändern können, brauchen wir uns keine Sorgen mehr um unser Erwachen machen. Wir brauchen nirgendwohin mehr zu gehen und auch nichts mehr zu tun. Meditation ist dem Nichtstun näher als dem Tun; es ist im Grunde tiefe Entspannung – jenseits jetzt von allen Göttern und Teufeln.

Das ›Sicherste‹: Hier – Jetzt

Es gibt kein vorgegebenes Ziel, auch kein irgendwann und irgendwo festgelegtes Schicksal. Im Gegensatz zur Tier- und Pflanzenwelt sind wir in erster Linie lernende Wesen, um unser Dasein selbst zu gestalten, es im wahrsten Sinne des Wortes zu leben, so dass nur eine einzige Frage wirklich wichtig ist: Erkenne, was dich daran hindert, dich selbst erkennen zu können.

Gerade wenn wir uns dieser Frage stellen, tritt in uns häufig so etwas wie eine Urangst auf. Sie wurzelt tiefer als irgendeine Angst vor irgend›etwas‹. Diese Angst können wir vielleicht auch als Urschock bezeichnen, den wir angesichts der plötzlich erlebten Erfahrung unserer unbegründeten und ungesicherten Existenz erleiden. Diese Erfahrung macht jeder von uns früher oder später. Sie ist darauf zurückzuführen, dass wir freiheitliche und damit selbstverantwortliche Wesen sind. Würden wir uns ihr ergeben, würde uns das heute in eine Katastrophe mit tödlichem Ausgang führen. Wenn uns jemand unser Geld wegnimmt, verlieren wir insofern nichts, als wir uns Geld immer wieder verdienen können. Aber wenn uns jemand unsere Verantwortung weg- bzw. abnimmt, geben wir uns auf.

Für sich verantwortlich zu sein, eröffnet uns erst die Möglichkeit, frei zu sein. Ein Mensch ohne Verantwortung ist ein zerstörter Mensch. Verantwortung stellt unsere eigentliche Würde dar.

Zen zu praktizieren bedeutet, das Licht in uns zum Leuchten zu bringen. Diesem Erwachen folgt die Moral von selbst. Wenn wir aufwachen und entsprechend dieses Wachbewusstseins handeln, wird unser Leben von allein moralisch und tugendhaft sein. Ohne dass wir von den etablierten Religionen zu irgendeinem Glaubensdogma angehalten werden und ohne dass uns Schuldgefühle von einer angeblich uns von Grund auf bestimmenden Erbsünde plagen, gibt uns Zen unsere Freiheit und Verantwortung zurück.

Die Mehrheit von uns lebt in dieser Welt immer noch in Sklaverei. Wir sind bequem, wir spüren noch nicht einmal, dass es in diesem Leben darauf ankommt, Verantwortung zu übernehmen, das heißt, sich der Herausforderung zu stellen, die an jeden Einzelnen von uns auf irgendeine Weise gestellt ist. Freiheit ist der offene Himmel, Sklaverei identisch mit der Sicherheit eines Käfigs.

Zen zeigt uns einen Weg auf, sich Schritt um Schritt, von Ebene zu Ebene, von den Programmen, die unser Leben bisher prägten, zu lösen.

Diese Käfige – ich betone es noch einmal: diese Gefängnisse haben vertraute Namen: Christentum, Judentum, Islamismus, Hinduismus, Buddhismus usf. In Wirklichkeit brauchen wir uns nirgendwo hinzubegeben, wir brauchen auch gar nicht erst auf die Suche zu gehen: **Alle Menschen sind Buddha**; wir brauchen den Buddha nur in uns selbst freizusetzen.

Je bewusster wir leben, desto schneller werden wir erwachsen.

Leider werden immer nur wenige Menschen erwachsen, die meisten werden nur alt. In dem Maße, in dem wir erwachsen werden, werden wir zum Buddha. Jeder trägt das Potential in sich, ein Buddha werden zu können – nicht ein Buddhist – das wäre nur wieder ein neues und zugleich auch altes Gefängnis, in das wir uns, wie in jedes andere Glaubensbekenntnis, einschließen würden.

Zen aber lehrt: Gehöre nur deiner Freiheit und übernimm die damit gegebene Verantwortung. Für alles, was wir tun, sind wir verantwortlich. Es gibt keinen Menschen, es gibt keine Institution, die für uns die Verantwortung übernehmen könnte, die wir unserer Freiheit zu verdanken haben.

Viele Leser werden zu Recht sagen, dass ich damit einen ethischen Rigorismus vertrete; das tue ich auch. Warum? Weil ich nicht glaube, dass das Leben so ›einfach‹ zu leben ist, wie manche von uns das nach zwei Weltkriegen und nach allen anderen, die danach kamen (Vietnam, Afghanistan etc.), immer noch glauben.

Zen klärt uns nicht nur über uns selbst auf, sondern auch über die Welt und die Zeit, in der wir leben. Gerade deshalb benötigt der Zen-Weg auch keine heiligen kanonischen Schriften. Deshalb benötigt Zen auch keine so genannten Führerpersönlichkeiten, wenn auch für eine gewisse Zeit einen Meister, der anleitet.

Wir suchen im Zen nicht die Wahrheit, die uns irgendjemand irgendwo gegeben hat – wir begreifen und verstehen stattdessen, dass die Wahrheit, nach der wir suchen, schon längst in uns brennt wie ein Licht und nur bewusst ›wahr‹-genommen zu werden braucht. Wir müssen sie nur entdecken.

Wenn auf diese Weise in uns der Buddha erwacht ist, stellen wir schon sehr bald fest, dass wir in unserem Sein wesentlich wach- und achtsamer für jede noch so feine Nuance unseres Daseins geworden sind, so dass es jetzt nur noch darum geht, unerschrocken weiter unseren Weg zu gehen.

Zen stellt klar, dass es nichts zu ›finden‹ gibt, dass also keine Wahrheit irgendwo verborgen existiert. Es sind immer nur unsere Augen, unsere Sinne, unsere Ohren – die verschlossen sind. In diesem Kontext bedeutet religiös zu sein, sich ohne jeden weiteren Grund nur noch auf sich selbst und die eigene Natur zu verlassen. Die salzige Luft, der kühle Sand, der Sonnenaufgang, ein frühmorgendlicher Strandlauf – das ist alles.

Wozu brauchen wir dann noch das Versprechen irgendeiner Religion?

Die Freiheit, von der Zen spricht – die Essenz des Zen – darf mit anderen Worten nicht zu irgendeinem Glauben pervertieren. Die Freiheit muss für jeden zu einer konkret erlebten Erfahrung werden. Zen stellt mit anderen Worten einen spezifischen ›Geschmack‹ dar, den wir aber nur wahrnehmen können, wenn es uns gelingt, immer tiefer in uns hineinzugehen. Das gelingt nicht, wenn wir nicht auch unsere unterdrückten Gefühle aus uns hinauswerfen, um erst jenen Raum zu schaffen, in dem das, was zutage treten soll, auch zutage treten kann.

Diesen Raum zu schaffen heißt, **Za-sen zu praktizieren**, still-zusitzen. Wo sitzen wir dann? An der Quelle unseres ›Da‹-seins. Wann immer wir Zeit zum Sitzen haben, hören wir auf, über dieses oder jenes weiter nach-zudenken. Nutzen wir stattdessen die Zeit, einfach nur ›da‹-zu-sein. Wenn wir alle nur im Verlaufe des Tages ein paar Minuten im stillen Sitzen ›da‹-sein können, dann reicht das schon aus, um uns unserer Buddhanatur, unseres ureigenen Potentials bewusst zu werden.

Ich sage denen, die mich immer wieder einmal auf so genannte Stimmen während ihres Sitzens hin ansprechen, dass es sich dabei um Einbildungen handelt, die uns in unserer Entwicklung nicht wirklich weiterhelfen. Diese Stimmen, auch Zen-Krankheit genannt, sind in Wahrheit nichts anderes als Teile unserer zur Gewohnheit gewordenen einseitigen wahnhaften Verstandestätigkeit. Häufig ist es nicht einmal der Schatten, der C. G. Jung zufolge in unserem Unbewussten zerstörerisch sein Unwesen treibt, sondern viel eher die Tatsache, dass wir schließlich wahnhaft einem spirituellen Ego-trip folgen und uns darauf noch etwas ›einbilden‹. Psychologen – wie Jung – nennen dies die Abspaltung bestimmter Elemente.

Sie erscheinen uns als nun einmal nicht zu uns gehörende Teile, als Dämonen, Fratzen oder schwarze Hunde. Wenn wir aber herauszubekommen versuchen, was sich hinter dieser Maskerade verbirgt, dann handelt es sich in der Folge um Anteile unserer vielgestaltigen Neurosen – und um nichts anderes.

Wir sollten daher keiner einzigen dieser so genannten Stimmen vertrauen. Stattdessen jetzt der Stille in uns, die sich allmählich in uns ausbreitet – dann ... Beobachten wir diese Stimmen einfach nur: unbeteiligt und ohne auf irgendeine Weise einzugreifen, sich gar mit ihnen zu identifizieren; schon nach kurzer Zeit verschwinden sie.

Der Grund, warum diese Stimmen verschwinden, ist ganz einfach zu erklären: Wenn wir uns nicht weiter mit ihnen identifizieren, bekommen diese Stimmen auch keine Energie mehr; sie sterben ab. Was bleibt, ist nur noch Stille. Sie gibt Klarheit, Licht und die Fähigkeit, stets das Richtige zu tun; sie gibt, wie Laotse sagte: der Welt stets das rechte Maß.

Das heißt aber nun auch wieder nicht, dass wir durch sie irgendeine Führung bekommen. Nein – die **Stille**, von der im Zen die Rede ist, **öffnet** unsere Ohren und unsere Augen, damit wir unseren Weg in Bewusstheit weiter gehen können. Wir beenden dann unsere bisherige Blindheit. Wir vertrauen dann einzig und allein nur noch der Stille.

Wir Menschen existieren als Gattungswesen vermutlich seit nahezu vier Millionen Jahren auf diesem Erdplaneten. Dabei waren wir vermutlich auch die meiste Zeit in jedem Augenblick einer Gefahr ausgesetzt, mit der Folge, dass wir die Fähigkeit zu überleben, entwickeln mussten. So bestand auch über Jahrmillionen hinweg die eigentliche Suche in der Nahrungssuche; sogar noch heute ist es für Millionen von Menschen die eigentliche Suche. Unter diesem Druck entwickelte sich vermutlich auch unser Verstand zu einem Hilfsmittel eben dieses Überlebens: wie man sich versteckt, Höhlen findet und ausgestaltet, in der Dunkelheit lebt, ohne Schaden zu nehmen.

Um zu überleben, mussten wir schließlich Waffen zu Hilfe nehmen. Wir haben nicht die Zähne eines Löwen oder eines Krokodils. Wir erfanden Pfeile, so dass wir weit von den Tieren entfernt bleiben und sie dennoch töten konnten. Ganz allmählich kamen andere Waffen hinzu. Als wir das Feuer entwickelten, fühlten wir uns sicherer. Doch blieb der Verstand, was seine heutige Problemlösungskapazität anbelangt, letztlich immer derselbe.

Obwohl wir wissen, dass es keinen Grund gibt, Angst vor der Dunkelheit zu haben, haben wir Angst vor der Dunkelheit. Die Gewohnheit von Millionen von Jahren setzt sich offenbar fort.

Die Zeiten haben sich geändert, aber der Verstand nicht. Gewiss, der Verstand hat einen Überlebenskampf hinter sich, so dass er eingeübte Gewohnheiten auch nicht vergessen kann. Obwohl wir heute keinen Grund mehr zu kämpfen haben, stellen wir nach dem Diktat unseres Verstandes doch immer wieder neue Waffen her.

Jeder weiß, dass es einen Dritten Weltkrieg nicht geben darf, weil er uns alle vernichten würde – am Ende wäre der Planet ein einziger Friedhof. Der Mensch geht aber immer noch von seinen Ängsten aus und widmet weiterhin rund siebzig Prozent seines Reichtums einem Krieg, der, wenn er stattfände, unsere Existenz vernichten würde.

Was folgt aber daraus? Wir müssen, so meine Antwort, heute über diesen beschränkten Verstand endlich hinausgehen, ihn transzendieren, um unsere Energie bewusst in ein Überlebensprogramm der Schöpfung umzuwandeln. Der Verstand, der Atom- und Wasserstoffbomben hergestellt und Städte wie Hiroshima und Nagasaki innerhalb von wenigen Sekunden zerstörte, hat sich in seinen Ansprüchen inzwischen selbst ad absurdum geführt. Um es noch etwas anders zu formulieren: Bisher hing unser Überleben vom Verstand ab. Meditation löst dagegen die äußerst gefährliche Vorherrschaft des heutigen Verstandes auf und sucht nach etwas im eigenen Bewusstsein, das höher oder tiefer anzusetzen ist als der insgesamt gesehen eindimensionale Verstand.

Indem das besinnliche Denken, das aus der Meditation resultiert, dem Verstand beispringt, werden die Verstandeskräfte zum schöpferischen hin gleichsam umkodiert, indem die Energie, die bislang in den Dienst des Todes gestellt wurde, jetzt in den der Bewahrung des Lebens gestellt wird. Es geht heute nicht darum, hinter den Gebrauch unseres Verstandes zurückzugehen, gar das Ablegen des Verstandes zu fordern. Worauf es vielmehr ankommt, ist: über ihn endlich hinauszugehen, um einen Einblick in die bestehende Lebensvielfalt zu gewinnen, die uns umgibt und die uns so lange verschlossen bleibt, solange wir uns einzig und allein nur noch auf unseren Verstand bzw. auf unsere instrumentelle Vernunft (Adorno) berufen und verlassen.

Im Laufe der Jahrmillionen hat sich vor allem unser Großhirn entwickelt, dagegen benutzen wir heute kaum noch das Stammhirn, den Thalamus, gewissermaßen das Gehirn der nichteingeschränkten Natur, durch das wir uns im Einklang mit der kosmischen Ordnung befinden. Ursprünglich war dieser innere Teil unseres Gehirns äußerst aktiv.

Mit der fast ausschließlichen Inanspruchnahme des Großhirns hat sich das Äußere unseres Daseins einseitig entwickelt. Die Folge ist eine Gleichgewichtsstörung, deren Folge wiederum erhöhte Nervösität und Frustration sind.

Der Thalamus steuert den Körper, der Hypothalamus hingegen unsere Vitalität. Durch das Za-sen kann unser Gehirn seinen normalen und ursprünglichen Zustand wiedererlangen. Während des Za-sens steigt der Hormonumsatz im Hypothalamus, so dass wir uns alle nach dem Za-sen auch gestärkt fühlen. Hinzu kommt die Zunahme der Fähigkeit, sich wieder konzentrieren zu können, was sich dann auch im Alltag positiv auswirkt. Mir scheint die Entdeckung der Gehirnforschung bedeutsam zu sein. Zu ihren Entdeckungen gehört, dass die beiden Gehirnhälften eine unterschiedliche Funktion ausüben und dass beide Funktionsweisen (analytisch und ganzheitlich) gleichermaßen wichtig sind.

Die neuzeitliche Welt versteht die Sprache der Mathematik, kaum aber mehr die der Liebe. Die Welt der Mathematik ist die Welt der Roboter, die Welt der Liebe die der menschlichen Authentizität.

Mann und Frau können nicht voneinander getrennt existieren, auch wenn sie es wollten; sie müssen wieder und wieder in Beziehung zueinander treten, aber sie können nicht wie siamesische Zwillinge zusammenbleiben. Der Kampf zwischen Mann und Frau findet dabei nicht ›außerhalb‹ von uns statt – das ist nur eine äußerliche Sicht der Dinge, sondern in uns selbst. Das heißt: Solange wir in uns den Konflikt nicht gelöst haben – nämlich den zwischen der linken und der rechten Gehirnhälfte –, so lange sind wir auch nicht in der Lage, wirklich zu lieben. Denn der innere Kampf spiegelt sich nur immer wieder da ›draußen‹. Wenn wir uns nur mit der linken, also mit der Verstandeshälfte bzw. -hemisphäre identifizieren und gleichzeitig versuchen, die rechte zu unterdrücken, werden wir das auch mit der Frau tun, die wir begehren oder von der wir behaupten, sie zu begehren. Das Gleiche gilt selbstverständlich auch umgekehrt für die Frau. Wenn sie ständig ihre ureigene Vernunft bekämpft, wird auch sie ständig den Mann, von dem sie vorgibt, ihn zu lieben, bekämpfen – und unglücklich werden.

Wenn die linke Gehirnhälfte uns in ihrer Ausschließlichkeit weiter beherrscht, was ohne Zweifel im Augenblick noch der Fall ist, werden wir in unserer wissenschaftlich-technischen Welt ›erfolgreich‹ sein, ja so erfolgreich, dass wir mit Magengeschwüren leben und im Alter von fünfzig Jahren wenigstens schon zwei Herzattacken zu verzeichnen haben. Wir sind dann sicher ›große‹ und ›starke‹ Männer bzw. ›eiserne Ladys‹: Im Grunde haben wir aber unser Leben verspielt!

Wie viele Menschen müssen sich in ihrer Lebensmitte heute eingestehen, dass ihr Leben eine Fehlinvestition gewesen ist? Sie werden dann ›Wohlstand‹ angehäuft haben, aber ihr Leben als gänzlich wertlos empfinden. Sie werden vielleicht die Welt (welche Welt?) erobert haben, aber ihr eigenes Leben, ihr ureigenstes Territorium noch nicht einmal in Augenschein genommen haben.

Die linke Hemisphäre ist vorrangig mit Dingen beschäftigt wie Autos, Geld, Häusern, Macht und Prestige – und nicht zu vergessen: mit Wissenschaft und Technik! Die rechte Hemisphäre konzentriert sich dafür auf unser inneres Wesen, unter anderem auf unser Verlangen nach Glück. Wir können auch sagen: Der Verstand hat, nach einer langen Anlaufzeit, den wissenschaftlich-technischen Fortschritt hervorgebracht, unser Herz aber öffnet uns erst für die wahren Dinge des Lebens wie Liebe, Freiheit und Bewusstheit.

Ein Leben ohne Freiheit und Liebe ist ein umsonst gelebtes Leben; es ist bedeutungslos und sinnlos. Erst wenn wir die beiden Hemisphären wieder zusammenbringen (wie West und Ost), werden wir uns auch aus den heute festgefahrenen, durch und durch ›ein‹-seitigen Verhaltensmustern und Denkstrukturen herausbewegen können, um den Sinn unseres Lebens wieder zu erfahren und vor allem auch zu leben. Wir interessierten uns dann wieder mehr für das Hier und Jetzt, mehr für den Augenblick und weniger für eine entfernte Zukunft; mehr für die Poesie des Lebens und weniger für dessen Arithmetik.

Zen dient dieser Transformation, die Einheit des Seins mit der linken Hemisphäre zu erreichen: durch den Gebrauch von Logik, Mathematik, Wissenschaft – und dem Versuch, darüber hinauszugehen. Zen benutzt für Letzteres eher die rechte Hemisphäre. Zen zu praktizieren bedeutet, eine Tür zu öffnen, die gar nicht verschlossen ist. Wir geben ihr einfach nur einen kleinen Schubs – und sie geht auf.

Wir sind ab sofort Zeuge unserer selbst. Beobachten wir unsere Gedanken ohne jedes Urteil, ohne jede Bewertung. Denn von dem Augenblick an, in dem wir ein Urteil für oder gegen jene Gedanken fällen, die in unserem Kopf hin und her wandern, sind wir schon keine Beobachter mehr; wir sind dann wieder nur ein Teil jenes Gedankenganges geworden, der uns festhält.

Genau wie ein Pendel bewegt sich unser Verstand: Entweder in die Vergangenheit zurück oder in die Zukunft voraus, stets in Wünsche und Träume verwickelt. Er ist nur in den wenigsten Momenten hier und jetzt. Ihm entgeht immer der springende Punkt. Die Wirklichkeit aber, in der wir leben, ist stets hier und jetzt. Sie ist nie Vergangenheit und nie Zukunft, sie ist immer Gegenwart, d. h. das, was uns entgegenwartet.

Was wartet uns entgegen? Antwort: Das Wesentliche, was ohne unser Zutun von allein und doch wieder nicht ohne uns geschieht. Wir befinden uns gewissermaßen immer am empfangenden Ende. Wir müssen einfach nur offen sein und empfänglich bleiben – und für unsere Existenz dankbar. Das ist im Grunde alles.

Dabei spielt es keine Rolle, wo wir sind. Allein oder in der Menge, in der Stille des Waldes oder auf dem Wochenmarkt; das ist ganz egal. Wir gehen weiter – wohin?

Auf diese Frage zu antworten, erübrigt sich unter der Voraussetzung, dass wir im Hier und Jetzt wirklich leben. Dann stellt sich auch die lang ersehnte Heiterkeit und jene Gelassenheit als Ausdruck einer ganz wesentlichen Entspannung ein, die uns möglicherweise schon veranlasst hat, uns für den Zen-Weg zu interessieren.

In der Mitte sein

Denken ist in unserer europäischen Kultur gleichbedeutend mit der Tätigkeit unseres analytischen Verstandes. Und dieser analytische Verstand hat die vertrackte Angewohnheit, die Dinge aufzuspalten; die Folge ist eine permanente Selbsttäuschung.

Für uns hier im Abendland ist alles unheimlich, was außerhalb dieses analytischen Verstandes existiert. Die Folge ist, dass wir in einem permanenten Selbsttäuschungsprozess leben. Wenn wir beobachten, wie ein Kind geboren wird, wissen wir, dass mit seiner Geburt auch der Tod anwesend ist. Wenn ein Mensch glücklich ist und sagt: Ich bin glücklich, dann lebt er in einer Täuschung. Denn das Unglück wartet schon hinter dem Vorhang auf ihn. Und trotzdem sagt er: »Ich bin glücklich« – er/sie weiß nicht, dass er/sie im nächsten Augenblick unglücklich sein wird. Der Grund auch für diese Täuschung liegt in unserem Sehvermögen: Wir sehen ständig nur einen Pol, aber nicht den anderen.

Dem Glück folgt das Unglück, der Geburt der Tod. Wenn ein Mensch unglücklich ist und wir ihn freudig umarmen und ihm sagen, dies ist der Augenblick, um glücklich zu sein – wird er uns zurückweisen. Und doch ist es so. Auf unser Unglück folgt bald schon wieder Glück.

Wenn wir Helle erfahren, erfahren wir Dunkelheit; Nacht und Tag. Wenn wir einen Teil be-(er-)›greifen‹ und vorgeben, dass er das Ganze darstelle, läuft dies wieder auf eine Täuschung hinaus. Wir erklären den einen Teil der Sache für bedeutend und vergessen dabei den anderen Teil, weil er angeblich unbedeutend ist. Wir erklären – und das ist entscheidend – Augenblicke für Bleibendes, um so zu Getäuschten zu werden.

Zen weist uns darauf hin: Der andere Pol ist ständig in der Nähe. Der Tod ist hinter der Geburt verborgen, das Glück hinter dem Unglück. Wenn wir das erst einmal wissen, quält uns weder unser Glück noch unser Unglück. Dann, aber erst dann, gelangen wir über beides hinaus.

Über beides hinauszugehen bedeutet, der Wahrheit unserer Existenz näher gekommen zu sein. Wir wissen dann, dass weder Glück noch Unglück, weder Geburt noch Tod, weder Tag noch Nacht ewig bestehen werden. Alles kommt und alles geht, der Suchende bleibt. Wir können auch sagen: Alle Erfahrungen sind hinfällig, nur der **erwachte Zeuge** bleibt.

Die Unterscheidung zwischen Sünde und Tugend, von Sündern und Heiligen sind Unterscheidungen, die wir ständig vornehmen. Die Folge: Wir bleiben der Illusion, der Täuschung, der Verblendung verhaftet. Wir beten die Heiligen an und hassen die Sünder. Wir belohnen das Gute, verdammen das Schlechte. Dem damit verknüpften Minenfeld entkommen wir jedoch nur, wenn wir beide Pole zugleich betrachten. Das heißt praktisch: Ganz gleich, welche Probleme auch auftauchen und welche Hindernisse sich uns in den Weg stellen, ganz gleich, wie schwierig es für unsere Nein/Ja-Logik und unseren Verstand ist, ganz gleich schließlich, welche inneren Widerstände bei jedem Einzelnen von uns auftauchen. Zen versucht das Ganze zu vergegenwärtigen und sich nicht auf einen der beiden Pole festzulegen.

Sobald wir fixieren, schaffen wir Abgrenzungen und entfernen uns von der Wirklichkeit. Erwachsenwerden mag auch hier heißen: die Enge jeder Begrenzung und jeder Umgrenzung zu verlassen und damit die Wirklichkeit endlich zur Kenntnis zu nehmen. Denn das, was wir gewöhnlich Wirklichkeit nennen, ist stets das Produkt unseres diskursiven Verstandes. Dieser will die Dinge immer glatt und einfach gestalten. Er will alles übersichtlich haben, er will alles kalkulieren, alles berechenbar machen. Er bevorzugt daher die aristotelische Logik, weil sie letzten Endes gradlinig ist, so dass alles Denken, das sich dem nicht fügt, für den eingeübten analytischen Verstand schlichtweg suspekt ist. Die Folge ist, dass die Liebe, dieser eigentliche menschliche Seinszustand, für ihn ein Rätsel bleibt, mit dem er nichts anfangen kann.

Alle Dinge verwandeln sich permanent in ihr Gegen-Teil. Jugend wird zu Alter, Schönheit zu Hässlichkeit, Glück zu Unglück wie Unglück zu Glück.

Alles verbindet sich mit seinem Gegen-Satz. Wenn wir das Denken in Gegensätzen aufgeben, relativieren, um uns so nicht mehr in sie zu verhaken, hört unser analytischer Verstand sofort zu arbeiten auf; das Vertrauen in seine angeblich segensreiche Tätigkeit wird aufgekündigt. Ein gänzlich anderes Vertrauen wird mächtig, eine neue Dimension wird sichtbar, die die Sache selbst und gleichzeitig ihr Gegen-Teil, mithin ihren Gegen-Satz erkennen lässt. Dies kann unser analytischer Verstand nicht: die Sache und ihren Gegen-Satz zur selben Zeit begreifen!

Der analytische Verstand sieht in ›Teilen‹, und er vermeidet es, etwas zu sehen, was jenseits davon liegt. Er arbeitet mit den vier Grundsätzen des Denkens logisch, was heißt: korrekt, präzise und vor allem auch eindeutig.

Unser Leben – nach diesem Urgesetz sind wir offensichtlich angetreten – bewegt sich in solchen Gegen-Sätzen, so dass Der Buddha darauf hinwies, dass, sobald wir auf einen dieser Gegen-Sätze verzichten, zwar unsere Handlungen logisch, klar und eindeutig werden, die Wahrheit aber verpasst wird.

Was folgte für den Buddha daraus? In der Mitte der Gegensätze zu verharren, darin wach zu bleiben, präsent, achtsam, war seine Antwort. Sobald wir aus dieser **Mitte** wieder herausrücken bzw. herausfallen, fallen wir wieder den Verblendungen anheim, die wir doch mit Hilfe unseres analytischen Verstandes gerade vermeiden wollten.

Wir können den gleichen Sachverhalt auch noch von einer anderen Perspektive aus betrachten: In der Welt der Formen spiegelt sich das für uns Wirkliche wider. Dabei kann unser analytischer Verstand nur eine Seite bzw. einen Ausschnitt der Wirklichkeit sehen. Wenn wir schließlich die rechte Hemisphäre unseres Gehirns aktivieren, was der Mystiker auf seine Weise tut, dann erst erfahren wir die beiden Seiten einer Sache, einen Sachverhalt *als eines*.

Wir Menschen können der hier aufgezeigten Polarität in unserem Alltag nicht entgehen. Was wir aber können: sie als Ausdrucksformen dieser Einheit begreifen zu lernen. Beides gehört zusammen: ›Einheit‹ (Ganzheit) und ›Polarität‹ (Vielheit): wie zwei Seiten einer Münze. Solange diese Polarität nicht wirklich zur Erfahrung wird, so lange bleiben wir in Täuschungen und Irrtümern verfangen, so lange bringt uns, wie Der Buddha sagt, diese uns unbewusst bleibende Polarität Schmerz und Leid. Hinzu kommt, dass uns innerhalb dieser uns häufig unbewusst steuernden Polarität keine Sinndeutung des Lebens erwächst.

Der analytische Verstand hängt am ›Ich‹, so dass, wenn die Bedeutung des analytischen Verstandes relativiert wird, auch die Bedeutung unseres Ichs relativiert wird. Und in der Tat: Die ›Ich‹- bzw. die Subjektebene, sagen uns heute auch die Philosophen, trägt nicht mehr! Die Folge ist das verstärkte Hervortreten von Ängsten, so dass auch der Erhaltungstrieb des Ichs heute besonders stark hervortritt. Anders formuliert: Der Wille des Ichs versucht sich seinen Herrschaftsraum zu erhalten, aber die Kraft der tiefer gehenden Bewusstseinsebene (oder der ›höheren‹) stellt diesen Herrschaftsanspruch permanent in Frage.

Das ›Ich‹ stellt den Kreuzungspunkt unserer psychischen

Aktivitäten wie Wille, Erwartung, Gefühl dar, die zusammen-
gehalten werden von unserem Gedächtnis, das uns eine gewisse Permanenz vorgaukelt. Wenn wir unser ›Ich‹ jedoch
fallen lassen, erfolgt eine Entgrenzung unserer bislang ›Ich‹-
zentrierten ein-dimensionalen Wirklichkeitserfahrung hin zu
jener schöpferischen offenen Weite, die im Zen im Zentrum
aller Bemühungen steht. Wir werden verrückt, vielleicht auch
wahnsinnig, nur dass die Psychologen bislang wenig davon
wissen, dass es in unserem innersten Kern ›etwas‹ gibt, das
nun einmal nicht wahnsinnig werden kann.

Wir werden niemals in der Lage sein, die Schwierigkeiten
in unserem Leben zu lösen, solange wir durch unseren Tiefschlaf nicht erkennen, dass wir selbst die eigentliche Ursache
derartiger Täuschungsprozesse sind. Das heißt: Es gibt niemand außer uns selbst, der nicht für die Situation, in der er
sich befindet, wirklich verantwortlich ist. Niemand kann uns
vorwärts bewegen, auch niemand rückwärts, wenn wir nicht
wirklich zu gehen bereit sind.

Niemand kann uns irreführen, niemand uns wirklich führen. Wir alle sind in dieses merkwürdige Drama, das wir Dasein nennen, verwickelt. Jeder von uns ist der Schauspieler,
der Regisseur und der Produzent in diesem Drama aus Traum
und Phantasie. Wir sind es, die in diesem Traum schauspie-
lern, die Regie führen und den Film, den wir Leben nennen,
produzieren. Kein anderer als nur immer wieder wir selbst:
das Zentrum des Traums.

Mit anderen Worten: Wir sehen uns immer nur unseren
eigenen Film an. Und in dieser Situation fragen wir danach,
worin ein Ausweg aus unserer ruinösen Lage bestehen
könnte. Wo liegt der Schlüssel und wo befindet sich die Tür,
die uns die Chance eröffnet, aus der Gefahr, in der wir uns
befinden, herauszufinden? Meine Antwort lautet: Indem wir
für unser Leben die volle Verantwortung übernehmen.

Wir wollen die ›Welt‹ und die ›Wahrheit‹ haben, mancher

von uns will sie sogar schnell haben. Daher segelt er auch unverantwortlich in zwei unterschiedlichen Booten dahin. Die Folge ist, er kommt nie an. Denn niemand kann gleichzeitig in zwei Booten segeln, vor allem dann nicht, wenn jedes dieser Boote in die entgegengesetzte Richtung segelt. Im Grunde befinden wir uns trotz allen spirituellen Gehabes, das wir heute beobachten können, nicht wirklich auf dem Weg. Ganz im Gegenteil: Wir gehen ständig um den Weg herum und finden uns meist zu unserem grenzenlosen Erstaunen am Ende wieder dort ein, wo wir losgelaufen sind. Unser einstiges inneres Verlangen ist, wenn es überhaupt je wirklich ernsthaft war, längst schal geworden. Und der listenreiche Verstand kann wieder auf einen Erfolg zurückgreifen.

Während unsere linke Gehirnhälfte vorrangig mit Dingen wie Autos, Geld, Häusern, Macht, Prestige sowie mit Wissenschaft und Technik beschäftigt ist, konzentriert sich die rechte auf die wirklichen Dinge des Lebens wie Liebe, Freiheit und Bewusstheit. In der Liebe erfahren wir die psychoanalytisch nicht dingfest zu machende Ekstase, in der wir nicht mehr wir selbst sind: Das ›Ich‹ verschwindet in ihr. Jede Bindung löst sich in sie auf. Wenn sie geschieht, ist alles da. Das schließt aber auch ein: Angst vor dem nächsten Tag kommt nicht auf, will sagen: Die Frage von Bindung, Festhalten, Heiraten oder irgendeine andere Art von ›Vertrag‹ wird hinfällig. Was trägt, ist nur noch die »Sprache des Herzens« und eben nicht mehr die des analytischen Verstandes. Wo der Verstand herrscht, verschwindet die Liebe. Liebe weiß nichts von Bindung, sie ist gesetzlos.

Wenn erst einmal in jedem Einzelnen von uns das wahre Verständnis von Liebe, die keine Bindung kennt, aufblüht, gibt es auch keine Liebesprobleme mehr. Mehr noch: Von dem Augenblick an, wo Liebe zur ›Bindung‹, zu einem ›Besitz‹ auf der Habenseite wird, von dem Augenblick an, in dem sie zu einer ›Beziehung‹ wird, und von dem Augenblick an, in dem sie zu einer Erwartung, zu einer Hoffnung wird, wird sie zu einem Gefängnis. Die Freiheit, ohne die Liebe nicht denkbar ist, ohne die sie aber auch nicht erfahrbar wird, wird zerstört; eine erschreckende Langeweile breitet sich aus.

Das Schlimmste in diesem Zusammenhang ist, dass sich viele von uns schon so sehr an dieses Gefängnis gewöhnt haben, dass sie es nicht mehr verlassen können. Dieses Gefängnis täuscht eine Art Sicherheit vor, eine ›Lebens‹- bzw. ›Sinnerfüllung‹, in der man sich nur noch erbärmlich fühlt.

Liebe stellt jedoch in Wirklichkeit einen **Befreiungsakt** dar, eine ganz außergewöhnliche Möglichkeit für unser Selbsterwachen. Wenn dieser Befreiungsakt nicht eintritt, dann entsteht ein Problem: Ärger, Wut, schließlich eine ganz und gar verderbliche, durchaus subtile Rachsucht gewinnt Raum.

Liebe muss, wenn sie befreien soll, von einer Qualität sein, die keine Ketten bzw. Masken oder Verpanzerungen mehr kennt. Nur so erhält Liebe ihren ihr eigentümlichen Sinngehalt.

Im Zusammenhang mit der Liebe taucht heute ständig das Wort Sexualität auf. Sexualität bezeichnet dabei nicht nur den Akt unserer biologischen Reproduktion, sie meint mehr als nur die genitale Sexualität. Das Genitale ist dabei nur eine geringe, wenn auch wichtige Möglichkeit der Erfahrung und des Ausdrucks unserer Sexualität, wie uns Freud und Reich gelehrt haben.

Wann immer unser Körper lebendig, sinnlich ist und zu pulsieren anfängt, befinden wir uns in einem sexuellen Zustand. Das muss überhaupt nichts mit unseren Genitalien zu tun haben. Sexuell heißt in diesem Sinne: sich in einer tiefen Verbindung mit dem Körper aufzulösen. Das ist der Grund, warum die Erfahrung der Sexualität identisch ist mit der Erfahrung jener Totalität, in die hinein wir uns auflösen. Orgasmen zu haben, ist daher auch nur möglich, wenn der gesamte Organismus mit in das Geschehen einbezogen ist; wenn wir vom großen Zeh bis zu unserem Kopf pulsieren, wenn mithin jede Faser unseres Seins, ja wenn jede einzelne Zelle unseres Körpers tanzt.

Aus dieser Sicht gesehen ist jede Vereinigung dann auch die Hoch-Zeit eines nie endenden Tanzes. Wir leben so wesentlich intensiver, ekstatischer, so als rollte durch uns und mit uns eine große Welle heran, die sich wieder entfernt, um erneut anzurollen und sich wieder zu entfernen. Wir beginnen dann zu ahnen – später wird es zur Gewissheit –, dass unsere Leiblichkeit ständig und unüberhörbar zu uns spricht, so dass jeder von uns sie hören (wahrnehmen) und auch antworten kann.

Sexualität ist, aus dieser Sicht gesehen, die Lebensenergie, die es uns erlaubt, kreativ zu sein, und die uns damit auch die entscheidenden Einsichten in unser Leben verschafft.

Sexualität ist Teil unserer biologischen Energie, und das, was wir Liebe nennen, unser ganzes, ungeteiltes Wesen. Wir können, wenn wir wirklich mit Leib und Seele leben wollen, unsere Sexualität nicht umgehen. Täten wir dies, würden unsere Kreativität und damit auch wir selbst zugrunde gehen.

Wann immer wir uns diese Tatsache als Faktizität unseres Daseins vergegenwärtigen, werden wir authentisch, werden wir erwachsen. Dann und erst dann ist es auch nicht mehr nötig, der Schatten von irgendeinem anderen zu sein. Jeder und jede bleibt er/sie selbst. Indem wir aus dieser Dimension heraus Liebe erfahren, gelangt jeder zu sich selbst. Und wenn wir uns auf diese Weise wirklich keine Sorgen mehr darüber machen müssen, ob er oder sie uns dominieren will oder auch nicht, können wir uns endlich öffnen, d. h. **unsere Masken fallen lassen**. Dann ist es keine Frage mehr, wie lange er oder sie zusammenbleiben – entscheidend ist dann nur noch dies:

dass das Leben durch alle Lebenskrisen hindurch **bewahrt** wird.

Wenn wir das verstanden haben, gibt es keine Angst mehr. Denn Liebe, wenn sie denn in uns als eben die entscheidende Lebensbasis freigesetzt wird, kann dann auch nicht mehr verraten werden. In dieser kreativen offenen Weite werden Sie in der jeweiligen Begegnung mit Ihrem Geliebten (nicht Ehemann) bzw. Ihrer Geliebten (nicht Ehefrau), eins in jenem Sinne, der mit dem totalen Selbsterwachen aufs Engste verbunden ist.

Wenn zwei Menschen offen füreinander sind, sind sie im Grunde auch nicht mehr zwei Menschen; nur zwei verschlossene Menschen sind zwei. Zwei offene Menschen sind nicht zwei: Darin liegt die Erfüllung für jeden, der liebt bzw. den Mut zur Liebe aufbringt.

Die hier gekennzeichnete Liebe erfüllt sich nur, wenn beide ohne Ängste wirklich sie selbst bleiben, d. h. die Fähigkeit erlangt haben, Individuen zu bleiben und für sich selbst leben können. Individualität und damit Alleinsein entspricht unserer Natur. In sich selbst ruhen heißt, mit sich selbst kreativ umgehen zu können. In diesem Sinne ist Alleinsein ein anderes Wort für Selbstsein.

Nur der, der im Alleinsein lebt, ist überhaupt erst fähig, Beziehungen zu anderen Menschen aufnehmen zu können, sagte ich schon an einer anderen Stelle. Nur dann ist er ein Gebender, weil er erst jetzt in der Lage ist, aus eigenem Überfluss zu geben. Liebe heißt teilen. Das heißt, wenn beide, die sich lieben, fähig geworden sind, das Alleinsein *im* Mitsein zu leben, erreicht Liebe ihren Höhepunkt. Denn dann fließen beide vor Freude über; dann sind sie beide zu teilen bereit und keiner bittet dann mehr – wie bisher – den anderen um ein Almosen.

Aber auch das muss natürlich ausgesprochen werden:

Liebe verändert sich; sie beginnt, wird erwachsen, wird alt und stirbt. Diese Tatsache gibt uns Gelegenheit, andere Menschen zu lieben und unser Leben so wesentlich reicher zu gestalten. Denn jeder Mensch, den wir liebten, hat bzw. hatte uns selbstverständlich etwas zu geben. Je intensiver wir im Verlaufe unseres Lebens liebten und lieben, desto reicher wurden und werden wir, merkwürdigerweise: desto liebevoller.

Wenn wir lieben, erübrigt sich im Grunde auch die Frage nach dem Woher, Wohin und Wozu, schließlich auch die Frage nach dem ›letzten‹ Warum. Wir wissen dann, wodurch uns das Leben hält, und wir wissen dann auch, dass unser Leben in keinem Falle so enden wird wie es begonnen hat: Weil wir selbst es sind, die wir uns ständig in unvorhergesehener Weise verändern.

Unser Leben endet gleichwohl wie es begonnen hat: im Unsichtbaren, im Namenlosen. Die Folge: Unser Leben ist in Wirklichkeit eine völlig unsichtbare, verborgene Reise: Aus dem Nichts hin zum Nichts *dazwischen* findet das statt, was wir unser jeweiliges Leben nennen.

Unser Nachdenken bewegt sich seltsamerweise immer wieder vorrangig um das, was sichtbar ist bzw. was wir uns ›vorstellen‹ können. Wir verschaffen uns seltsamerweise nie Klarheit darüber, dass das, was für uns verborgen ist, möglicherweise viel entscheidender ist als das, was zu Tage liegt. Unser Leben, wenn es denn wirklich gelebt wird, läuft infolgedessen auch nie auf Eisenbahnschienen dahin. Es fließt wie die Strömung eines Flusses: Sein Lauf ist zu keiner Zeit vorhersagbar. Wir werden ständig hin und her gewirbelt. Das Unbekannte greift ständig ein. Wenn wir uns dann unser Leben im Nachhinein ansehen, stellen wir häufig so etwas wie Kontinuität fest, der gegenüber wir aber skeptisch bleiben sollten, weil uns hier unsere Erinnerung, unser Gedächtnis allzu gerne täuscht. Wir erfinden, wie Max Frisch gezeigt hat, sehr häufig unsere Vergangenheit immer wieder neu. In Wirklichkeit wird unsere Existenz aber ständig aus dem *Nichts* geboren und löst sich auch wieder ins Nichts auf. Das Nichts ist mit anderen Worten die eigentliche Quelle unserer Existenz.

Wenn wir sagen: Das Nichts, dann besteht die Gefahr, dass wir gerade dadurch wieder nicht das Wesentliche treffen. Erst die Änderung des Artikels mag die Schwierigkeit bis zu einem gewissen Grade beheben, denn das Nichts verführt uns allzu leicht dazu, das Nichts weiter als ein Seiendes, als ein Ding unter Dingen zu sehen – was damit jedoch nicht gemeint ist. Wenn ich ›der‹ Nichts sage, dann erzwingt das vielleicht Aufmerksamkeit. Ich werde mir dann erst bewusst, dass ›der‹ Nichts jenes Nichts meint, das zwar jenseits jeder Form, auch von der des ›vorstellenden‹ Denkens existiert, das aber jetzt ein vom Leben durch und durch wirklich **erfülltes Nichts** ist.

Es ist eines der tiefsten Geheimnisse unserer Existenz, dass sie aus dem Nichts heraus entsteht, um dann wieder ins Nichts zu verschwinden. Dieses Rätsel kann von uns nicht gelöst werden; aber es kann von uns gelebt werden.

Wir lassen im **Za-sen** unser Ich fallen und damit auch unseren Verstand. Wir erfahren unser Selbst, wobei dieses Selbst universell ist. Das bedeutet: Ihr Verstand gehört Ihnen, mein Verstand gehört mir, aber mein Selbst und Ihr Selbst sind nicht voneinander zu trennen.

Von dem Augenblick an, in der Der Buddha in uns erwacht, bleibt alles dasselbe – und doch ist nichts mehr das Selbe. Das Gewöhnliche wird plötzlich ›außer‹-gewöhnlich und unser irdisches Dasein zu einer wirklich durchgreifenden Lebenserfahrung, hinter die, wenn er sie erst einmal gewonnen hat, keiner mehr zurückkehren will und kann.

Ich liebe die Sonne – wenn ich zu ihr gehe, kommt sie zu mir

Ohne Zweifel ist der Planet, auf dem wir leben bzw. zu leben versuchen, von der Männlichkeit vergewaltigt worden, da wir unsere weibliche Seite unter unserem Männlichkeitswahn begraben haben – diesem Wahn, der diese Erde, wie wir heute wissen, total vernichten kann.

Wenn die Frauen ihre Stärke erkennen und wir Männer unsere Schwäche und uns dies endlich eingestehen würden, könnte aus jedem von uns ein ganzer, ein ungeteilter Mensch werden. Jeder von uns besäße dann die Fähigkeit, seine Natürlichkeit zur vollen Entfaltung zu bringen. Er wäre dann wieder zur uneingeschränkten Hingabe an das Leben fähig, um das Leben so letzten Endes auch bewahren zu können. Die Unterdrückung eines Teils unseres Wesens schafft Perversionen wie Gewalt und Vernichtung. Sie schafft eine aggressive und inhumane Gesellschaft.

Ein Pol verdeckt den anderen; sind Sie eine ›Frau‹, verdecken Sie den ›Mann‹ in sich, sind Sie ein ›Mann‹, verbergen Sie die ›Frau‹ in sich; beides zu fühlen und beides vor allem auch zu akzeptieren, heißt: erst ganz zu werden.

Der eine Pol kann ohne den anderen nicht die Vollkommenheit erreichen, die in dem hier gemeinten Ganzen liegt. Dabei trägt jeder Mensch in sich die Fähigkeit zu lieben, so lieblos, so hart und so grausam er nach außen hin auch erscheinen mag. Allzu oft steckt sie/er nur in einem dicken Panzer und begreift nicht, dass in ihr/ihm selbst der Schlüssel zu seiner/ihrer Veränderung, zur Aufhebung des Leidens liegt.

Unsere menschliche Natur ist so geartet, dass sie ständig etwas festhalten möchte. Woran sie aber am meisten festhält, ist die eigene Person. Löst sie sich von diesem Zwangsverhalten, auch auf die Gefahr hin, von diesem Augenblick an nur noch ein Niemand zu sein, geschieht die Befreiung aus der bisherigen Gefangenschaft. Die Masken fallen von diesem Augenblick an von ihr/ihm ab, und das Leben, ihr/sein Leben er-›füllt‹ sich so von allein: spontan.

Jeder Einzelne von uns muss durch dieses Leben von einer Bewusstseinsstufe zur nächstfolgenden Bewusstseinsstufe hindurchgehen; darin liegt nun einmal der Sinn unseres Lebens. Aber nicht als vorgefasstes Ziel oder als ›letzter‹ Zweck verstanden, sondern als ein Geschehen, präziser gesagt: als geschehende Erfahrung in jedem Einzelnen von uns; nicht als Zeichen am Himmel oder an der Wand, sondern aus uns selbst heraus. Daher erfahren wir über Zen auch nur etwas, wenn wir wirklich zu leben anfangen, weil wir Zen eben *nur leben* können. Oder anders ausgedrückt: Den Sinn des Lebens können Sie nur leben; alle anderen Bemühungen bleiben immer wieder in Selbsttäuschungen hängen.

Ich halte fest: Das ausschließlich rational-analytische, das begriffliche Denken stellt noch nicht die ganze Denkkraft dar, die uns Menschen zur Verfügung steht. Wenn wir über etwas nachdenken, besagt dies noch lange nicht, dass wir schon denken.

In Europa glaubt man, dass nur das rationale Denken Denken sei. Aber ›Logik‹ und ›Begriffe‹ sind nur Teile unserer Denkkraft, die als solche eben gerade nicht durch Logik und Begriffe eingegrenzt werden können. Unsere Denkkraft ist mithin *nicht* durch das logische Denken begrenzt, so dass es aus dieser Perspektive heraus gesehen auch erforderlich ist, unsere eigentliche Denkkraft, wie jede andere auch, in uns freizusetzen.

Durch das ausschließlich rational-analytische Denken engen wir unsere Gehirntätigkeit ein, wobei wir mit Hilfe der

Logik und des begrifflichen Denkens das Denken und die Gedanken festhalten und einpanzern, so dass auch das Gehirn im Denken nicht mehr weiterschwingen kann.

Zen lehrt demgegenüber: Es gibt nichts, was irgendjemand von uns zu irgendeiner Zeit festhalten kann, obwohl wir im täglichen Leben gerade das immer wieder versuchen. Wir wollen es ›festhalten‹, um es zu ›besitzen‹, so dass wir durch das, was uns einengt, begrenzt, ab- und ausgrenzt, uns nur selbst Schaden zufügen. Wir verstehen nicht mehr, dass wir, wenn wir etwas mehr Mut aufbringen würden, uns ein *mehr*dimensionales, komplexes Leben ausdenken und führen könnten, das auch nicht mehr in Ziele und Zweckmäßigkeiten aufgeteilt ist, so dass wir uns ständig selbst verzetteln und uns auch in selbst fabrizierten Konflikten täglich aufreiben.

Es war wiederum Der Buddha, der uns auf das Faktum unseres inneren Bewusstseins aufmerksam machte – das aber erst in mir durch mich selbst freigesetzt werden muss, um zu erfahren, ja überhaupt erfahren zu können, was Zen ist und was Zen nicht ist.

Das mit dieser Erfahrung einhergehende Einssein mit sich selbst ist dann auch erst ein Freisein zum wesentlichen Handeln, das nicht beschrieben werden kann, ohne dass wir es selbst als solches erfahren. Es ist die logisch nicht auszudrückende Befindlichkeit, Ihrem schöpferischen Impuls folgen zu können. Er ist in mir freigesetzt und bewegt sich frei. Ich handle dann, ohne mich noch rückzuversichern. Ich handle sofort nur noch spontan, d. h., ich tue das, was ich jeweils tun *muss*: und nichts anderes mehr daneben oder mit irgendeinem Hintersinn. Die Folge ist: Es gibt jetzt kein Freisein mehr *von* etwas, ohne dass es nicht gleichzeitig ein Freisein *zu* etwas gäbe. Indem ich den Atem ausschwingen lasse, atme ich ohne Grenzen und begebe mich so ins Unbekannte, Unsichtbare und Unversicherbare: durch alle bestehenden Blockaden hindurch. Was wir so erfahren, ist dann wieder jene schöpferische offene Weite ohne Anfang und Ende, über die wir uns schon verständigt haben.

Der Weg dahin ist **Za-sen**, was so viel heißt wie: ›Im Zustand des Sitzens sein.‹ Zu sitzen bedeutet, zu lernen: in sich hinein entspannt in das eigene Da-sein hinein-zu-sehen und vor allem auch – zu hören. In diesem Hineinsehen und -hören in das eigene Dasein erfahren wir, was dieser Zustand ausmacht: dass wir selbst diese schöpferische offene Weite sind.

›Sitzen‹ in diesem Sinne bedeutet, sich keineswegs dem Außen zu verschließen; das käme einem statischen Sitzen oder sitzenden Sitzen gleich. Das rechte Sitzen kennt kein Unterscheiden mehr in Außen und Innen; es bedeutet vielmehr das Verschwinden dieses Unterschieds. Was das bedeutet, können wir nur wieder selbst im Sitzen erfahren.

In der offenen Weite ›geschieht‹ unser Stillsitzen – und die Unruhe des anderen – neben dem Lärm von da ›draußen‹. Dies geschieht im Sitzen, ohne im Sitzen verschlossen zu sein, so dass sich das Sitzen schließlich selbst, zur eigenen Verwunderung, in Bewegung setzt, sobald uns der ›Ruhestörer‹ verlässt – keine Spur mehr von Bewegtheit, als ob nichts dazwischen geschehen wäre. Und in der Tat: Es geschieht nichts; alles andere stellt nur eine Einbildung dar.

Um dieses bewegliche Sitzen bzw. um diese sitzende Bewegung geht es im Zen: körperlich, seelisch und geistig. Der Zustand Sitzen *ist* Sitzen – und, wie gesagt, nichts daneben und nichts dahinter. Beginnen wir hier und jetzt!

Je unmittelbarer jeder Einzelne von uns mit sich selbst im Sitzen in Beziehung tritt, desto intensiver beginnt auch erst sein/ihr Leben!

Dieses Lebendigsein bzw. -werden erfahren wir dann als ein fließendes Geschehen, so wie unser Atem, wenn er nicht neurotisch blockiert ist, fließend ist – was mir noch einmal die

Gelegenheit gibt zu unterstreichen: dass, wenn wir erst einmal wirklich fließend zu atmen gelernt haben, es auch nichts mehr gibt, was nicht wieder oder gar erstmalig ins Fließen gebracht werden könnte, zumal wir uns von dem Augenblick an, in dem wir geboren wurden, uns in einem ständigen Prozess der Umwandlung befinden, wobei unser Atem unsere Lebendigkeit widerspiegelt, so dass wir auch sagen können: Zeige mir, wie du atmest und ich sage dir, wie du lebst!

Indem wir z. B. flach und wenig atmen, blockieren wir den natürlichen Fluss unserer Gefühle und Gedanken und schränken auf diese Weise willkürlich unser Leben ein.

Mit Hilfe unseres Atems kommt es in uns zur inneren Klärung, zur Befreiung und zur stufenweisen Bewusstseinserweiterung unseres Daseins, wobei der Atem schließlich die Brücke zwischen unserem physischen Körper und unserer Seele, zwischen uns und dem Universum, zwischen dem Bekannten und dem Unbekannten bildet, der wir uns anvertrauen können und sogar müssen, um wirklich weitergehen zu können.

Der Atem, wenn er fließt bzw. wieder ins Fließen gekommen ist, trägt uns über unsere Grenzen hinaus. Nur er transformiert uns. Neben dem reinigenden Effekt, einem deutlich erhöhten Energiepotential zur Lösung tief liegender Gefühlsblockaden, führt er uns zur Tiefenentspannung, dem Tor zu jener Meditationserfahrung, der wir uns jetzt aussetzen wollen.

Aber auch jetzt bleibt unser Leben in jedem Augenblick eine Herausforderung an uns. Wer das nicht akzeptieren will, ist tot, auch wenn er lebt. Unter diesem für mich einzig akzeptablen Gesichtspunkt bedeutet Leben: in jedem Augenblick sich den Herausforderungen zu stellen und sie im positiven Sinne zu akzeptieren.

Den Herausforderungen unseres Lebens können wir begegnen: mit Ärger – dann aber reagieren wir nur – oder zustimmend –, dann wird unsere Antwort eine deutliche Erwiderung sein, aus einem Bewusstseinszustand heraus, der sich von nun an seiner selbst bewusst ist, der jede Form von Identifikation aufgegeben hat und sich demzufolge auch von allen weiteren Konditionierungen frei hält.

Unser Atem befindet sich in einer nachweisbaren unmittelbaren Beziehung zu unseren Gedanken, die dazu neigen, sich unentwegt hin und her zu bewegen, um uns in der Tat in Atem zu halten! Daher sprechen wir im Zen auch vom Zustand des Nicht-Denkens.

Im Nicht-Denken sind unsere Gedanken abwesend, was aber nicht gleichbedeutend ist mit unserer alltäglichen Gedankenlosigkeit. Hier besteht ein deutlicher Unterschied. Der Mensch des Nicht-Denkens hat die Wertlosigkeit abgestandener Gedanken erkannt und damit längst Gedachtes überschritten. Im Zustand des Nicht-Denkens bricht alles Verkrampfte, Verkalkte, Vergreiste und Vereiste in uns auf, so dass auch alle bis dahin uneingestandenen Gefühle, alle unterdrückten Wünsche, alle abgewiesenen Gedanken und Erinnerungen, alle verhassten Gesichter und Verbote in uns plötzlich oder erst allmählich aufsteigen. All dies rumort in uns wie »Geisterstimmen in versperrtem Raum«, wie es Hugo von Hofmannsthal einmal in den Wiener Jahren der Entdeckung der Traumanalyse nannte. Es liefert den Stoff zu unseren Träumen und Albträumen, zu unseren Neurosen und Psychosen. In uns steigen Ängste vor unserem eigenen inneren Wahnsinn auf. Daher heißt, sich auf den Zen-Weg zu begeben, den eigenen inneren Wahnsinn zu erkennen und ihn aufzulösen, indem wir uns unsere privat und kollektiv angesammelten seelischen Verkrümmungen und Verkümmerungen endlich auch eingestehen – und dies als lebendiger Teil unseres selbst, als den mit uns verwachsenen und lieb gewonnenen Eigengestank.

‹Das alles sichtbar und fühlbar zu machen und dann auch auf Nimmer-wieder-sehen hinauszuwerfen, wo es sich vor unseren eigenen Augen in blauen Dunst auflöst, ist der notwendige erste Schritt in die Meditation, so dass Meditieren von diesem Blickwinkel aus gesehen jetzt heißt: eine aktive Selbstheilung zu betreiben, wobei derjenige, der in diesem Sinne bewusst wahnsinnig wird, nie wirklich wahnsinnig werden wird; ganz im Gegenteil. Nur derjenige, der in diesen Wahnsinn bewusst hineingeht, hat heute überhaupt noch eine Chance, transformiert zu werden; jeder/jede andere macht sich nur etwas vor.

Das Licht der Bewusstheit, die Aura der Unbetroffenheit und Unberührtheit von der Vergangenheit und Zukunft ist Meditation, um die es in der Vipassana-Meditation des Buddhas geht. Sie ist das nichturteilende, nichteinmischende heitere Zuschauen des wachen Zeugen, den wir auch mit einem bloßen Spiegel, der hin und wieder von Staub befreit werden muss, vergleichen können.›

Ich werde häufig gefragt, ob man als erwachsener Mensch überhaupt noch etwas ändern kann, wenn der gesamte Wachstumsprozess bisher darin bestand, uns der Herrschaft eines spezifischen Denkprogramms zu unterwerfen. Die Antwort des Buddhas lautete: **Meditation**. Weil die großen Mystiker Asiens die unverstellte Wirklichkeit sehen konnten – frei von allen konditionierten Mentalprozessen – wurden sie ›Seher‹ genannt. Europa fühlte sich demgegenüber von der Wirklichkeit ständig bedroht und gründete daher seine Position auf der Überzeugung, die Summe dessen bereits darzustellen, die es wahrnimmt, denkt und fühlt; diese Summe allein ist für den europäisch denkenden Menschen schon die Wirklichkeit. Asien war demgegenüber ständig darum bemüht, höhere Bewusstseinsstufen zu erreichen und Erkenntnisse zu gewinnen, die uns den Zugang zu jener Wirklichkeit erschließen, die über die eindimensionale Wirklichkeit hinausgeht. Daher werden wir auch im Zen angehalten, jeden Augenblick noch bewusster als bisher zu leben.

Wenn wir – wie bisher – versuchen, im umfassendsten Sinne Besitztümer anzuhäufen, dann müssen wir uns auch der Tatsache bewusst werden, dass wir unsere Kraft in bedeutungslose Dinge stecken. Wenn wir uns etwas wünschen, dann wird unsere Kraft zum Wunsch – und jeder weiß: Wünsche sind endlos, so dass jeder Wunsch früher oder später zu einer Belastung wird. In diesem Kontext müssen wir auch die dann verheerende Geisteskrankheit Machtgier sehen, so dass wir, wenn wir erst einmal alles Besitzenwollen und -wünschen als vergeblich begriffen und fallen gelassen haben, zu einer Energiequelle werden, aus der heraus wir dann auch endlich wirklich wieder zu leben beginnen können.

Was bleibt, wenn wir alles Überflüssige von uns abgestreift haben, ist nur noch der wache Beobachter, der Zeuge, der besagte Spiegel, der, indem er diese Distanz zulässt, zum Meditierenden wird. Allein schon durchs Zuschauen ziehen sich die Gedanken immer weiter zurück, und die Gefühle, die uns in einem ganz bestimmten seelischen Zustand gefesselt hielten, lösen sich auf.

So wird noch einmal deutlich, dass es in der Meditation vorrangig darum geht, uns nachhaltig aus allen Fallen, Theorien, Religionen und Konditionierungen zu befreien, indem wir uns von jeglichem Müll dieser Art befreien. Dabei brauchen wir uns kein Licht von draußen zu borgen; es ist, wenn es auch häufig noch auf Sparflamme brennt, in uns schon längst vorhanden. Mit anderen Worten: Erleuchtung ist keine besondere Leistung; sie ist unsere eigentliche Natur. Der Grund dafür, dass wir sie offenbar nicht ›wahr‹-nehmen und immer wieder verpassen, ist, dass wir ständig nach ihr aus sind, sie ständig irgendwo suchen. Erleuchtung ist nicht etwas, was erzeugt, hergestellt, ja erst geschaffen werden muss. Sie ist auch keine Eigenschaft, die uns irgendwann einmal in der Zukunft erreicht. Sie ist vielmehr mit uns schon immer da. Wir brauchen das Licht der Weisheit in uns nur zur Flamme werden lassen.

Wo Leerheit ist, ist Alles

Was hat es mit unserem Bewusstsein auf sich und was ist bisher mit ihm geschehen, dass sich die Wüsten um uns und in uns immer noch weiter ausbreiten? Die Gewohnheiten haben so überhand genommen, dass nur wenige noch bereit sind, Grenzgänger zu sein und sich damit gegen die gewalttätige Masse zu stellen, die weiter so leben will wie bisher – auch wenn es auf diesem Weg dem Abgrund entgegengeht.

Sokrates und Anaxagoras wurden vergiftet, Jesus gekreuzigt und Al-Hillaj Monsoor auf bestialische Weise umgebracht. Das Fehlverhalten derer, die nach wie vor in gewohnten Bahnen leben wollen, die Schlafwandler, diejenigen, die weiter nicht gestört werden wollen, verhindern den humanen Fortschritt.

Sobald wir unsere vor allem materiell begründeten Gewohnheiten und Konventionen verlassen, brechen in jedem von uns Ängste auf, die uns zurückschlagen lassen und die uns davon abhalten, tiefer in uns hineinzusehen und zu -hören. Stattdessen richten wir Barrieren auf, die verhindern, dass wir uns auf den eigenen Weg machen. Der wache, selbsterwachte, der aufgeklärte Mensch kann nicht versklavt, er kann nicht in ein Gefängnis eingekerkert werden, ohne nicht Ausgänge für sich und andere zu finden. Seine Individualität, seine Revolte lassen die fest verankerten Interessen der herrschenden Machtelite nicht ruhig schlafen, da sie ständig Unruhe in den Köpfen der Menschen erzeugen.

Jeder, der aber etwas von der inneren Welt erfahren hat, ist gezwungenermaßen (von außen her gesehen) schwer zu verstehen. Aber das ist vielleicht noch nicht einmal das Entscheidende. ›Man‹ will nicht gestört werden, selbst wenn ›man‹ leidet; aber ›man‹ gewöhnt sich lieber daran, als gegen dieses Leid zu revoltieren.

Wenn wir uns jedoch einmal für den Weg des Grenzgängers entschieden haben, weil wir einzusehen gelernt haben, dass es aus unserer Situation herauszukommen keinen anderen Weg gibt, dann erfahren wir von der Grenze her auch Hilfe, Befreiung.

Jeder leidet, jeder ist auf irgendeine Weise in Aufruhr, jeder befindet sich mehr oder weniger in psychischer Not – und akzeptiert dies, damit er keinen Anstoß erregt.

Die Anwesenheit eines Buddhas oder eines Jesu ist auch heute noch eine derart extreme Herausforderung, dass beide, sollten sie es wagen, noch einmal auf diesen Planeten zurückzukehren, auf subtile Weise umgebracht werden würden.

Wir sehen das, was ist, ständig durch die Brille unseres von Kindheit an konditionierten Verstandes in einem heute mehr oder weniger verpanzerten Körper, so dass wir häufig nicht einmal mehr ahnen, wie die Welt jenseits dieser Strukturen tatsächlich aussieht. Der Aberglaube, wir könnten einen zweiten Planeten schaffen, ist völlig irrwitzig – ganz gleich, was uns der wissenschaftlich-technische Fortschritt sonst noch bringt. Der Planet, auf dem wir leben und der uns immer noch weitgehend unbekannt ist, ist unser Zuhause, unsere Heimat. Ich plädiere daher dafür, erst einmal diesen Planeten wirklich kennen zu lernen, hier Aufklärung im präzisen Sinne des Wortes zu betreiben – Aufklärung, die zu einer Bewusstseinserweiterung für jeden Einzelnen von uns führen kann, wenn wir uns wirklich darauf einlassen.

Diese Aufklärung führt über eine bewusst betriebene Wahrnehmungserweiterung, so dass wir auch sagen können: In dem Maße, in dem wir in diesem Sinne Aufklärung betreiben, vollzieht sich auch eine Bewusstseinstransformation, so dass in der Folge auch die bestehenden gesellschaftlichen Machtstrukturen, ja die ganze Politik-Show sichtbar wird, die die Katastrophen, von denen wir heimgesucht werden, durchsichtig machen wie ein Knochengerüst im Röntgenstrahl.

In dem Maße, in dem jeder Einzelne von uns eine Bewusstseinserweiterung erfährt, in dem Maße wächst natürlich auch erst unser Blick für Alternativen, für das ›Rettende aus der Gefahr‹.

Die Alternativen zeigen sich uns heute darin, dass wir, was unsere permanente Gier nach Mehr und noch Größerem anbelangt, schlicht und ergreifend unsere eigenen Grenzen anerkennen müssen:

(a) nach ›außen‹ hin, was die materielle Basis unserer Existenz anbelangt, und (b) nach ›innen‹ hin, was sich hier an bewusstseinserweiternden Möglichkeiten ergibt.

Zu (a): So ist der Zweck des viel geliebten Autos die profane unbeschränkte Fortbewegung, so dass trotz der beschränkten Ressourcen offenbar keiner von uns mehr bereit ist, hier Grenzen zu respektieren; dass auch gar nicht mehr eingesehen wird, warum wir nicht eine Luxuskarosse fahren dürfen, die wir wenigstens alle zehn Jahre gegen eine andere eintauschen können.

Natürlich hat jeder von uns ein Recht auf die Erfüllung seiner Lebensbedürfnisse; niemand soll und braucht heute in Armut leben. Voraussetzung ist nur, dass wir das *Maß*, d. h. die Grenzen wahrnehmen und respektieren, die unserer leibhaftigen Existenz nun einmal gesetzt sind.

Das Maß an Selbstbeschränkung ergibt sich daraus, dass wir auf Tiere und Pflanzen angewiesen sind, so dass allein schon aus diesem Wissen Respekt, Mitgefühl und jene Selbstbeschränkung erfolgen müsste, die notwendig ist, damit wir nicht alle miteinander zugrunde gehen. Das ist das, was ich mit Heidegger die heute dringend gebotene Veränderung in unserem derzeitigen Seins- und Zeitverständnis nenne.

Zu (b): Dieses neue Seins- und Zeitverständnis basiert auf einer Lebenserfahrung mit bestimmten Lernaufgaben, Krisen und Chancen, die darauf ausgerichtet ist, noch bewusster als bisher zu leben, was wiederum nur durch einen schrittweise nachzuvollziehenden Selbstfindungsweg bzw. -prozess unter Beachtung unserer Alltagswirklichkeit und ihren Herausforderungen zu erreichen ist.

In diesem Zusammenhang will ich daran erinnern, dass wir (a) nur auf diesem Wege wirklich erfahren, was es mit der Wirklichkeit, in der wir leben, auf sich hat, und (b) dass wir wiederum auch erst einmal bei uns selbst zu Hause sein müssen, um bei einem oder einer Vielzahl von anderen Menschen sein zu können.

Eine Wirklichkeit, die von jedem Einzelnen von uns abstrahiert, hat nichts mit der Wirklichkeit, in der wir leben, zu tun. Und bei einem anderen Menschen zu sein, ohne bei sich selbst zu sein, führt jedes Leben in jene Öde und Leere, die in der Tat um uns herum schon menschliche Wüsten in beträchtlichem Ausmaß geschaffen hat.

In den zwanziger und dreißiger Jahren entdeckte Wilhelm Reich, dass die Wurzeln jedes neurotischen Symptoms, an dem wir leiden, in sexueller Unterdrückung oder in frühkindlichen Traumata liegen. Er hob hervor, dass die sexuelle Energie und unsere Emotionen erst bewusst erfahren und ausgelebt werden müssten, damit das psychologische Kräfteverhältnis energetisch in uns wieder ausgeglichen werde. Reich betonte daher das Recht auf Liebe und auf die natürliche Entwicklung unserer Sexualität – sowie das Recht auf Geburtenkontrolle – und brachte sie in Verbindung mit dem, was er die ›emotionale Pest‹ in unserer Gesellschaft nannte: die kollektive Unterdrückung (Programmierung, Konditionierung, Hypnotisierung) von allem, was für uns natürlich ist. Er fand heraus, dass nicht zuletzt wiederum unser Atem das Verbindungsstück zwischen den beiden Körpern darstellt: dem Physischen, dem Sichtbaren und dem Energetischen, dem Unsichtbaren. Tiefes Atmen und ausdrucksvolle Bewegungen schaffen mit anderen Worten erst den Raum für unsere Lebendigkeit. Dagegen vermindert Atmen, das durch Spannung und Festhalten eingeschränkt wird, unsere Vitalität und beschert unserem Organismus Krankheiten. Dabei hat Reich die subtile Verbindung von normaler Luft und dem, was im Yoga als *prana* bekannt ist, entdeckt. Atmen ist nicht einfach nur ›Luft‹ ein- und ausatmen. Während wir atmen, stellt die Luft vielmehr den Behälter dar, in dem *Orgon* oder *prana* enthalten ist. Doch diese Energie ist äußerst subtil. In Wirklichkeit ist sie nicht ›materiell‹, gleichwohl kann man sie sehr wohl spüren.

Reich starb 1957 an einem Herzinfarkt in einem amerikanischen Gefängnis. Seine Bücher wurden verbrannt, seine Geräte, mit denen er den wissenschaftlichen Nachweis für diese Lebensenergie nachgewiesen hatte, zerstört. Seine Arbeit ging durch die Ignoranz des ›kleinen Mannes‹, des ›Man‹, verloren.

Nach Reich geht es heute darum, so zu leben, dass wir uns der natürlichen Energien unseres Körpers wieder bewusst werden und dass wir den Ausdruck unserer Gefühle, Emotionen und unserer Sexualität – gleichsam als Ebbe und Flut unserer Natur – bewusst auch zulassen. Erst dann sind wir in der Lage, das Schweigen und die Stille in der Meditation erst wirklich zu erfahren.

Offenbar bilden sich unsere Glaubensgrundsätze in den ersten sieben Jahren unseres Lebens aus. Von diesem Zeitpunkt an reagieren wir auf Situationen in der gleichen Weise wie in unseren ersten Lebensjahren. Wir sagen: ›Ich verhalte mich wie ein Kind‹ – und in der Tat tun wir das! Wir kehren zu einem Glaubensgrundsatz zurück, der mit einem emotionalen

Trauma unserer Kindheit zusammenhängt. Wir verhalten uns so, weil wir nun einmal als Kinder glaubten, wir müssten uns so verhalten, damit wir etwa anderen Leuten gefallen und sie uns dafür lieben. Natürlich liebten sie uns trotzdem nicht. Auch wenn sie es wollten, konnten sie es nicht, da sie nichts zu geben hatten. Es gibt ein paar grundlegende Traumata, die uns alle betreffen. Ich kann sie hier natürlich nur ausschnittweise wiedergeben.

Das erste passiert sehr häufig im Bauch der Mutter, wenn sie erstmals registriert, dass sie schwanger ist. In der Regel ist ihre Reaktion negativ, obwohl sie später ihre Meinung ändert, bedingt häufig durch die Reaktion des Mannes.

Das nächste ist das Geburtstrauma. Wir zwängen uns durch den Geburtskanal und kommen in diese grelle, lärmende Welt hinaus, wo die Menschen meist sehr rau mit uns umgehen. All das macht uns fertig.

Das nächste Trauma erfahren wir etwa mit drei Jahren, wenn wir sprechen lernen. In Wirklichkeit ist unsere natürliche Muttersprache die außersinnliche Wahrnehmung. Diese Fähigkeit verlernen wir, sobald wir eine Sprache lernen. Wir bekommen vermittelt, dass die einzig akzeptable Art zu kommunizieren diese begrenzte, gesprochene Sprache ist; ich leide selbst noch heute darunter.

Eine noch größere Krise ereignet sich dann aber mit dem Schuleintritt. Unsere Eltern bringen uns in ein merkwürdiges Gebäude, setzen uns in einen merkwürdigen Raum mit merkwürdigen Menschen, die uns mal mehr, mal weniger herumkommandieren. Hinzu kommen noch unzählige weitere Kinder, die lachen und sehr häufig sofort über uns herziehen. In dieser Situation lassen uns unsere Eltern allein und wundern sich dann später darüber, dass wir Schwierigkeiten mit dem Lernen haben.

Das Zellenbewusstsein in unserem Körper merkt sich alles, was uns je passiert ist, und zwar genau in der Form, in der es sich abspielte. Bevor unser Gehirn voll entwickelt ist, fangen wir schon an, uns zu erinnern und diese Erinnerungen in unserem Zellenbewusstsein aufzunehmen.

Wir können also an jeder Art von Gefühlen, an jeder Art von Problemen und jeder Art von Gewohnheiten arbeiten; in erster Linie an den emotionalen Blockaden, die das freie Fließen unserer Energie, unseren Energiefluss, von dem Reich sprach, nachhaltig behindern. Der Yoga ist dabei ein Weg, solche Blockaden allmählich aufzulösen, und Zen der spezifische Charakter, durch den diese Aufklärung konkret stattfinden kann.

Wenn wir über Meditation sprechen, ist es von Zeit zu Zeit gut, sich über diese Zusammenhänge Klarheit zu verschaffen. Denn viele Menschen haben erhebliche Schwierigkeiten mit dem Meditieren. Sie sitzen da und können nicht zur Ruhe kommen. Viel von dieser Unruhe kann meines Erachtens durch den Yoga aufgelöst werden, in dessen Mittelpunkt der Atem *(prana)* steht.

Erfahrungen haben gezeigt, dass unser Verstand, auch wenn er sich noch so analytisch gebärdet, völlig unklar ist. Und da unsere Beziehungen häufig vom Verstand geknüpft werden, entstehen auch extreme Beziehungsprobleme, die wir kaum mehr zu lösen in der Lage sind. Daher bietet sich für den Zen-Yogi, wie ich ihn verstehe, der Weg des Nicht-Denkens an. Die Frage ist für ihn dabei nicht, wie er mittels seiner Verstandestätigkeit Klarheit gewinnen kann, sondern wie er im Zustand des Nicht-Denkens, das sich nur von Fall zu Fall des Verstandes bedient, entscheidende Einsichten gewinnen kann.

Der Verstand wiederholt dieselbe Sache immer wieder, er ist mechanisch und bewegt sich wie ein Rad. Hier liegt der Unterschied zwischen dem Weg Ostasiens und Europas. Bei uns im ›Westen‹ bemüht man sich, Klarheit in den Verstand zu bringen – unter anderem durch die Psychoanalyse. In Ostasien wird das Verstandesvermögen *transzendiert*, weil uns der Verstand eben keine wirkliche Klarheit über die Wirklichkeit unserer Existenz verschaffen kann.

In der Meditation identifizieren wir uns nicht mehr mit diesem Verstand. Wir benutzen ihn lediglich noch für unsere alltäglichen Ziele und Zwecke und halten sonst Abstand. Wir bleiben uns nur noch der Tatsache bewusst, dass wir der wache Beobachter sind – genauso wie wir die Bäume, den Mond und die Menschen beobachten. Wir sind nur noch der wache Zeuge unserer Träume, unserer Liebe, unseres Hasses, unserer Eifersucht und unserer Habgier.

Im ersten Schritt auf unserem Übungsweg geht es konkret um die Bewusstwerdung des inneren Zusammenhangs zwischen Atmung und Bewegung, wobei das Becken mit seiner zentralen Lage der Haupt- und Angelpunkt für die Beziehung des Körpers zur Schwerkraft bildet. Sobald es gelingt, die häufig bestehende Einengung des Luftstroms in der Halsregion zu beheben, wächst die Einsicht, dass unsere Bewegungen die Atmung vertiefen. Wir ermüden nicht, sondern werden frischer, unser positives Lebensgefühl steigt.

Der zweite Schritt auf unserem Übungsweg lautet: Sobald der Atem freier fließt, lässt auch die geistige Verwirrung nach. Es tritt Ruhe ein und die eigenen Fähigkeiten (Reichtümer) treten jetzt stärker als bisher hervor. Letztere werden vor allem bei Atemverkrampfungen massiv eingeschränkt. Sobald wir jedoch den Atem loslassen, lässt unsere Starrheit nach und unser Leben, unsere Vitalität beginnt wieder oder erstmals voll zu pulsieren; dem entspricht die körperliche Entspannung.

Der dritte Schritt auf unserem Übungsweg lautet: Einatmung. In dieser Sequenz manifestiert sich die gestaltende Kraft unseres Lebens. Es folgt daraufhin die Sequenz zwischen Einatmung *und* Ausatmung. Die Ausatmung erfolgt ohne Druck, elastisch, bauchartig, völlig entleerend. Die Sequenz der Atmungspause hin zur Einatmung wird bewusst als eine »lebendige Vorbereitung auf das Nächste verstanden« (Gindler) und so fort.

Der vierte Schritt lautet: In dem Maße, in dem wir uns im Atmen wahrnehmen und ihn in geradezu intimer Weise kennen lernen, in dem Maße erfahren wir vom Atem aus die Wirklichkeit, in der wir leben, neu.

Dies ist nicht möglich ohne eine durch die Atemkraft bewirkte Befreiung von Einengungen, Überlagerungen und Verkrustungen. Erst dann wird der Raum, in dem sich jeder Einzelne von uns bewegt, mit seinem Hinter- und Vordergrund, d. h. der Raum, der auf uns einwirkt und in den hinein wir einzuwirken in der Lage sind, auch wahrgenommen; dieses Bemühen kann durch den Yoga intensiviert werden.

Schließlich nehmen wir dann auch erst jetzt unseren »Schatten« (C. G. Jung) wahr. Das aber heißt weiterhin, Schritt um Schritt die eigenen Atemräume erst einmal zu wecken, zu erweitern, zu verstärken und auch zu beruhigen, um auf diese Weise so intensiv wie möglich in die atmende Welt hineinzuwachsen. Am Ende erfahren wir, dass wir nicht unsere Hand ›haben‹, sondern diese Hand ›sind‹; dass wir nicht unseren Körper ›haben‹, sondern dieser Körper ›sind‹, d. h. nur *durch* ihn und *in* ihm *leiben*, d. h. *wohnen*.

Es gibt keinen anderen tragenden Grund in uns als unseren Atem. Er allein bietet uns die Gewähr für unser (inneres) Wachstum, wobei jeder von uns einen eigenen Atemrhythmus besitzt, der aus dem bezeichneten fließenden Einatmen-Beobachten-Ausatmen-Beobachten und der jeweiligen Pause besteht.

Der fünfte Schritt auf unserem Übungsweg lautet: die entsprechende Sitzhaltung einnehmen, so dass der fließende Atem zum Grundelement unseres Seins wird. In dem Maße, in dem wir den Atem *kommen lassen* und gerade nicht willensmäßig heranholen, in dem Maße lässt der Atem (als formgebendes Prinzip) uns seinerseits wieder die entsprechende Sitzhaltung einnehmen – und zwar: ohne jede Anspannung! Jede willensmäßig-ehrgeizige Anstrengung führt sofort wieder zu Blockaden, Abschnürungen und schließlich auch zu Erkrankungen.

Alle Bewegungen, vor allem die geistigen, entstehen aus dem Atem. Alle kognitiven und alle emotionalen Lebensprozesse, die aus unserer leiblichen Verfassung folgen, werden von unserem Atem bestimmt. Wir können daher auch wieder sagen ‹Wir sind, weil wir atmen.› Das aber erfahren wir nur, wenn wir still und ruhig werden. Wenn wir wenigstens nur einmal für ein paar Augenblicke still werden, erfahren wir: dass in dem Augenblick, in dem einmal keine Gedanken da sind, indem wir mit anderen Worten wirklich *leer* geworden sind, nur der Atem da ist.

Wir setzen uns entspannt hin und lassen unseren Atem kommen und gehen. Wir verfolgen unseren Atem mit innerer Aufmerksamkeit: ohne dass wir ihn manipulieren. Im Laufe der Zeit wird er langsamer, gleichzeitig qualitativ stabiler. Das Ausatmen sollte dabei etwas länger sein als das Einatmen. Nach dem Ausatmen entsteht eine längere Pause. Wir verlängern sie jedoch nicht künstlich, wir horchen in sie hinein. In ihr erfahren wir schließlich absolute Ruhe und Stille. Wir atmen dann wieder ein und nehmen nun diese Ruhe, die wir in der Pause erfahren haben, mit in das Einatmen und dann wieder mit in das Ausatmen hinein.

Dabei geht es – wie gesagt – darum, den Atem möglichst wenig zu manipulieren. Auf dem Ausatmen liegt jedoch das Schwergewicht, was aber nicht heißt, dass wir nicht gut einatmen sollen. Wir atmen ein, um auszuatmen – und auf diese kleine Pause zwischen ausatmen und einatmen, auf diese ›Fülle‹, wie Der Buddha sagt, steuern wir bewusst zu. Nach einiger Zeit sollte in unserem Bewusstsein nur Atem sein. Wenn uns das gelingt, dann haben wir die 10000 anderen Möglichkeiten, mit denen sich unser Ich sonst befasst, endlich auch losgelassen. Daher betone ich immer wieder: dieser eine Atemzug: kein ›Vorher‹ und kein ›Nachher‹; wir lassen los – was uns auch von außen möglicherweise immer noch bedrängen will.

Wenn wir während unserer Übungen von unserem Atem abgelenkt werden, kehren wir beharrlich wieder zu ihm zurück. Es bedarf dabei keines Tricks, keiner besonderen Übung als dieser simplen wachen *Atembeobachtung* (Vipassana). Nach einiger Zeit wird aus dem Beobachten eine Einheit werden, eine Einheit des ganzen Vorgangs der Ein- und Ausatmenpause.

Das können wir nicht ›machen‹. Wir müssen uns daher täglich wenigstens eine halbe Stunde hinsetzen, bis diese Übung von selbst ihre Dynamik entfaltet. So wie ich Violinspielen nicht an einem Tag lernen kann, sondern Tag für Tag längere Zeit üben muss, bis *es* wirklich spielt, muss ich auch diese Atemübung täglich wiederholen. Und es dauert in der Tat eine geraume Zeit, bis ich im Atem loslassen kann, um mich selbst zu finden bzw. gefunden zu haben.

Dabei ist noch auf Folgendes zu achten: Jeder von uns hat seinen eigenen Ton und seinen eigenen Rhythmus als Schlüssel zu seinem eigenen Selbst.

Während wir atmen, lernen wir, diesen Grundton zu hören, wobei wir später unter Zuhilfenahme von Mantras unseren Geist noch auf die relevante Tonart einstimmen.

Diese und andere Techniken dienen aber immer nur wieder dem einen Ziel: unserem eigenen Weg zu folgen, um eines Tages unser wahres Gesicht, unser Ur-Gesicht ungeschminkt sehen zu können, nachdem alle Masken von uns endgültig ab sind. Was hervortritt ist Dankbarkeit, Liebe, Freundschaft und Mitgefühl. Was losgelassen wird ist Hass, Wut, Eifersucht und Neid, Habgier und die Neigung, sich immer wieder bereitwillig täuschen zu lassen.

In der **Maitri Bhavana Meditation**, die ich gerne mit Ihnen üben würde, beginnen wir uns zuerst selbst zu lieben und Dankbarkeit zu entwickeln. Dann erweitern wir sie auf die Menschen, die uns gleichgültig sind, und zuletzt auf die, die wir überhaupt nicht mögen, vielleicht sogar noch hassen. Wir de-hypnotisieren uns auf diese Weise von unseren bisher völlig unangemessenen Verhaltensweisen. Wir lassen dafür eine Hülle der Liebe sich um uns entwickeln. Wir wissen trotzdem, dass unser Ego immer wieder Hass und Feindseligkeit anzieht; es will immer wieder mit allem und jedem kämpfen, vor allem mit sich selbst. Wenn wir das Ego, die Quelle unserer Ich- bzw. Selbstsucht jedoch fallen lassen (was wieder nur über den Atem geschehen kann), kreieren wir reine Gefühle der Liebe. Denn sobald wir lieben, verschwindet das Ego. Wenn wir einen Menschen lieben, sagen wir: ›Du bist genauso wichtig wie ich‹, ›Du bist wichtig‹. Wenn die Liebe tiefer geht, sagen wir: ›Du bist weit wichtiger als ich. Falls es passieren sollte, dass nur einer von uns überleben wird, dann möchte ich, dass Du überlebst‹.

Wenn die Liebe noch tiefer geht, verschwinden wir. Es kommen Augenblicke, in denen wir überhaupt nicht mehr ›da‹ sind, in denen es in uns absolut still wird, in denen in uns nicht die Spur eines Egos mehr aufzufinden ist: nur *kreative offene Weite*.

Diese offene Weite lässt Freude – Der Buddha sagt: einzigartiges ›Entzücken‹ als Ausdruck eines unbegrenzten Zeit-Spiel-Raumes in uns entstehen. Und wenn wir erst so viel Raum in uns haben, dass wir von dieser *offenen Weite* sprechen können, sind wir auch frei.

Erleuchtung ist überall – wir merken es nur nicht

Wir gehen den Zen-Weg nicht um seiner selbst Willen, um etwa eine neue Ideologie oder Religion oder gar neue Abhängigkeiten zu schaffen, nachdem wir uns von den alten gelöst haben, sondern um so weit wie möglich weiter Abhängigkeiten aufzulösen. Die Auflösung besteht in den befreienden Akten zunehmender ›Wahr‹-nehmungen: uns selbst, aber auch der Wirklichkeit gegenüber, die, wenn sie sich erst einmal vollzogen haben, später nicht mehr rückgängig gemacht werden können.

Wir leben heute in einem geradezu verhängnisvollen Dämmerzustand. Das zeigt die anhaltende Zerstörung der natürlichen Grundlagen unserer Existenz, die Bevölkerungsexplosion und das auch nach dem Ende des Kalten Krieges noch unaufhörliche Anhäufen extrem tödlicher Waffen auf unserem Planeten.

In dem Maße, in dem wir auf unserem ›Weg‹ die Traumata vornehmlich aus unserer frühkindlichen Zeit zulassen bzw. diese Traumata allmählich ihre Gewalt über uns verlieren, in dem Maße wird jeder von uns offener und empfänglicher für das unverstellte Leben bzw. Dasein in seiner ungeheuren Vielfalt und Schönheit; wir gewinnen wolkenlose Klarsicht. Wir hören auf, andere Menschen, Lebewesen und Dinge weiter beherrschen zu wollen. Mit anderen Worten: Wenn sich erst einmal der Würgegriff unserer frühkindlichen Erziehung gelockert hat, kommt unser Reifeprozess in Gang, und die alten Zwangshandlungen und angeblichen Überzeugungen fallen von uns ab und lösen sich jetzt von alleine auf.

In den hinter uns liegenden Jahren sind wir politisch durch einige Irrtümer hindurchgegangen. Wir erinnern uns: Niemand wollte mehr einem anderen untertan sein. Das Eigentum an den Produktionsmitteln sollte in Gemeineigentum überführt werden und jeder von uns an den Produkten der Arbeit ohne Unterschied teilhaben. Das Geld sollte kein Maßstab mehr für die Werte dieser Welt hergeben und die Staatsgewalt sollte endgültig liquidiert werden.

Wir müssen heute feststellen, dass der Glaube an den Klassenkampf, der uns die klassenlose Gesellschaft bringen sollte, erschüttert worden ist. Erschüttert wurde aber auch der Glaube an eine Aufklärung, die uns von den Fesseln der Unfreiheit befreien sollte. Denn genau das Gegenteil ist eingetreten.

Damit einher ging der Glaube an den wissenschaftlich-technischen Fortschritt, der uns aus den Zwängen der Natur befreien sollte. Zusammengebrochen ist schließlich auch der Glaube an die Geschichte, an die einst höchste emanzipatorische Erwartungen und Hoffnungen geknüpft wurden. Die Philosophie Hegels schien die Einheit von Vernunft und Geschichte zu verbürgen. Die Aufhebung der Widersprüche in einer sinnvollen Versöhnung gab der politischen Hoffnung Raum, dass vernünftiges Handeln die Welt, in der wir leben, verbessern könnte.

Heute wissen wir: Das hat sich als eine folgenschwere Täuschung erwiesen. Mit dem Zusammenbruch des real existierenden Sozialismus wurde der Ausbruchsversuch aus dem existierenden kapitalistischen System und damit ein im Grunde, wenn wir an den Stalinismus denken, grausamer Irrweg beendet, ohne dass wir jedoch heute politische Alternativen aufzuzeigen in der Lage sind. Was bleibt, ist unsere emotionale Auflehnung gegen Unfreiheit, Lüge und Gewalt.

Was bleibt, ist die Einsicht, dass ich in dieser Welt lebe und mich in ihr in dem Sinne zu bewähren habe, dass ich meinen Beitrag dazu leiste, immer wieder das ›Bild des Menschen‹ hervortreten zu lassen, indem ich als **wacher** ›Zeitzeuge‹ auch die gesellschaftlichen und politischen Grundstrukturen sichtbar zu machen versuche, in denen wir leben. Nur so ist ein permanentes, wenn auch in kleinen Schritten erfolgendes Überschreiten bestehender gesellschaftlicher Verhältnisse möglich.

Unsere gesellschaftlichen und politischen Grundstrukturen sind immer noch (auch nach zwei grausamen Weltkriegen) Macht- und Gewaltstrukturen, so dass, wenigstens dem Anspruch nach, nach wie vor eine Umverteilung der Macht zum Schutze der Überlebensbedingungen erfolgen muss.

Die Lehre des Buddhas ist in diesem Sinne höchst subversiv, indem sie die in West und Ost nach wie vor bestehenden Macht- und Herrschaftsstrukturen unterwandert. Der Buddha weist ständig darauf hin, sich trotz dieses ungeheuren Elends auch weiterhin in dieser Welt zu engagieren, sich auf sie einzulassen – und trotzdem bindungslos zu bleiben. Wir flüchten nicht, wir bleiben im Zentrum der uns bewegenden Ereignisse. Wir bleiben den Zeitproblemen mit anderen Worten auf den Fersen; wir lassen uns weiter auf sie ein. Und trotzdem bleiben wir im Innern, in unserer Kernzone, davon unberührt. Wir leben in der uns allen vertrauten Anspannung hier und jetzt entspannt.

Das kann jeder lernen, so dass in dem Maße, in dem wir in dieser Gelassenheit immer wieder unser Gleichgewicht finden und behalten, auch allmählich unsere Ängste verschwinden, die uns immer wieder heimsuchen, wenn wir uns wie bisher mit der Welt, in der wir leben, identifizieren. Ich betone daher noch einmal: Den wirklich aufrechten Gang müssen wir erst noch gehen lernen. Die Natur stellt uns mal mehr, mal weniger gut hin. Gehen lernen, sehen und hören lernen müssen wir aber erst durch unsere eigenen Anstrengungen lernen. Das kann uns keine noch so gut gemeinte Revolte abnehmen.

Der Zen-Weg ist ein *möglicher* Weg, wenn auch nach meiner Überzeugung der erfolgversprechendste. Er geht von der Annahme aus, dass die Augen, mit denen wir sehen, und die Ohren, mit denen wir hören, nicht die einzigen Augen und nicht die einzigen Ohren sind, mit denen wir sehen und hören. Denn wir leben ja nicht nur im physischen Körper. Wir leben in einer Anzahl von weiteren Körpern, die nach Auffassung der Yoga-Lehre hüllenartig um unser Selbst angelegt sind.

So besitzen wir die Fähigkeit, von der sich jeder selbst überzeugen kann, über die ausschließlich physischen Schranken unseres Seins, über die uns allen mehr oder weniger vertraute dreidimensionale Zeit und den dreidimensionalen Raum hinaus weitere Dimensionen sehen und hören, und in eins damit: auch in voller Klarheit erkennen zu können. Aber auch dazu bedarf es der Übung!

Entscheidend ist daher, dass wir begreifen lernen: Wenn wir uns auch weiterhin nur auf unseren eindimensionalen Verstand verlassen, um die wirkliche Wirklichkeit erkennbar zu machen, wir eben gerade die Wirklichkeit, in der wir leben, verfehlen. Diese Wirklichkeit – oder was wir davon als Wirklichkeit oder vielmehr als ›Realität‹ anerkennen – wird spätestens von dem Augenblick an zu einer Illusion, sobald wir uns mit ihr identifizieren, um uns ihr zu unterwerfen. Aber die Wirklichkeit ist stets mehr als das, was wir mit Hilfe unseres eindimensionalen analytischen Verstandes unter Zugrundelegung der uns bekannten Grundsätze des Denkens als Wirklichkeit anzuerkennen gewillt sind. Daher bleibt auch die Auf-

klärung der Bedingungen, unter denen unsere Verstandes-
und Vernunfttätigkeit stattfindet, als Instrument und Werkzeug und nicht als Wächter und Zensor die vorrangig zu
betreibende Aufklärung, die uns einst Kant und Lessing lehr-
ten. Erst dann sehen wir uns in der Lage, das, was ist, wirklich
zu ›sehen‹ und auch wirklich zu ›hören‹ – im wahrsten Sinne
des Wortes ›wahr‹-zu-nehmen. Alles andere hat mit Aufklärung wenig zu tun.

Der Versuch, die Wirklichkeit allein vom Verstand her zu begreifen, ist und bleibt zum Scheitern verurteilt, weil er uns immer nur Teilausschnitte vor Augen führt und er von sich her
auch notwendigerweise Abgrenzungen vornehmen muss.
Wir beginnen sie erst dann wirklich zu verstehen, sobald wir
sie durch den Bewusstseinszustand jenseits aller Gedanken
und Ideen zu begreifen lernen. Mit anderen Worten: Nur
durch ein solches schon erörtertes ›Nicht-Denken‹ erlangen
wir jenen von uns erwünschten Zustand der Einheit mit unserer Existenz und eben nicht durch die aristotelische Denkweise, die wir alle mehr oder weniger gut auswendig gelernt
haben. Je analytischer diese Logik wurde, desto weniger
›weiß‹ sie wirklich Bescheid, so dass sie sich heute in der
Situation befindet, immer mehr über im Grunde überhaupt
nichts zu wissen.

Was vor unseren Augen abläuft, wenn wir sie für wenige
Sekunden schließen, ist Denken in permanenten ›Vorstellungen‹, ›Ideen‹ und ›Leitbildern‹. Aber die Präsenz, angesichts
der dieses Denken in Form solcher ›Vorstellungen‹ abläuft, ist
das ›Nicht-Denken‹ bzw. das Wissen, von dem im Zen die
Rede ist, und das aus der schweigenden Leere in uns auf uns
zukommt.

Unsere ›letzte Wahrheit‹ ist diese schweigende Leere, wir können auch sagen: das Urschweigen. Aus diesem Urschweigen

erwachsen uns alle Klänge, Gedanken, Bilder und Träume; mit anderen Worten: aus dem völligen Ausgeleertsein; vorher nicht.

Was folgt daraus? Uns in jedem Augenblick leer zu machen (und uns nun auch nicht gleich wieder an diese ›Leere‹ zu binden). Das heißt: sich völlig zu entspannen und sich dabei immer wieder der Tatsache bewusst zu werden, dass die stille Leere unsere Wirklichkeit ist, so dass im Blick etwa auf unseren Atemrhythmus sowohl dem Ein-atmen als auch dem Aus-atmen jeweils die schweigende Leere, die Pause, folgt.

Aus ihr heraus atmend erfahren wir nach einiger Zeit, dass jeder von uns Teil der **kosmischen Stille** ist und dass, sobald uns das Leben als solches bewusst wird, dieses Leben für uns erst jetzt seinen eigentlichen Sinn gewinnt.

Dieses Leben kennt dann keine Beschränkungen und Ausgrenzungen mehr. Es beginnt nirgendwo und endet demzufolge auch nirgendwo; es ist das Unendliche, das Ewige. Im Raum wie in der Zeit ist und bleibt das Leben unverfügbar, undefinierbar, namenlos. Unter diesem Gesichtspunkt ist dann aber auch unser ›Selbst‹ stets nur ein aufpoliertes Ich, sicher ein frommes, spirituelles, sehr verfeinertes, sehr subtiles Ich, aber doch eben nur ein Ich.

Die Lehre des Buddhas ist gesellschaftspolitisch äußerst interessant. Der bewusst lebende Mensch kommt von seinen bislang unheimlichen Ansprüchen endlich herunter. Denn wenn wir, diesem Weg folgend, die geringfügigen Dinge zu beachten lernen – und genau dies tritt ein, wenn wir es lernen, wirklich in Freiheit zu leben und andere nicht mehr daran hindern, Gleiches zu tun – dann gewinnt die Welt, in der wir leben, auch einen gänzlich anderen Charakter. Wir erfahren dann, dass wir durchaus mit einem Minimum an materiellen Mitteln zur Befriedung unserer Lebensbedürfnisse auskommen können. Und es gelingt uns vor allem auch, uns von den noch vorhandenen Abhängigkeiten und Fixierungen zu befreien. Denn nur so gewinnen wir erst das notwendige Maß an Flexibilität, um auf uns überhaupt zugehen zu können.

Das bedeutet, auch wenn es zu Anfang jedem von uns schwer fällt, mit den bisherigen Lebensgewohnheiten zu brechen und neue zu praktizieren. Ein radikaleres antikapitalistischeres Programm ist mir bisher nicht bekannt.

Dabei ist ganz offenbar dies das Schwerste: sich wirklich ändern zu wollen. Die Folge ist: Wir sammeln um uns und vor allem auch in uns immer wieder neuen Müll an, den wir gar nicht so schnell wieder loswerden können. Wir schrecken davor zurück, in »fröhlicher Sympathie« (Tatzki) mit unserer Leere in unserem ›Nicht-Denken‹ zu leben.

Indem wir die ›Leere‹ jedoch *leben*, spüren wir, dass diese Leere gar nicht leer ist, sondern voller Freude und Lebendigkeit. Sie hat anfangs nur leer gewirkt, weil wir daran gewöhnt waren, sie mit unserem Alltagsschrott ständig auszufüllen. Aber ein leeres Zimmer ist nun einmal in sich spannungsreicher als ein volles Zimmer, in dem man sich häufig nicht einmal bewegen kann.

Das Ziel eines meditativen Lebens besteht daher darin, im Alleinsein in der Leere und schließlich im Nichts zu leben. Dann kann uns niemand mehr programmieren bzw. reprogrammieren; wir sind uns dann selbst genug.

Das aber heißt nun auch nicht gleich wieder, dass sich nicht jeden Tag erneut Staub ansammelt. Auch wenn wir ihn nicht willentlich sammeln – er lässt sich wie auf einem Spiegel ständig auf uns nieder – so müssen wir ihn doch jeden Morgen und jeden Abend wieder beseitigen und können es jetzt auch.

Da sind z. B. die Erinnerungen, utopische Hoffnungen und Wünsche, die sich in uns ansammeln. Da sind bestimmte Erfahrungen, die wir gemacht haben und von denen wir uns nicht so ohne weiteres lösen können. Entscheidend ist, dass wir uns jetzt immer wieder bewusst deprogrammieren, so dass wir auf der einen Seite immer wieder Staub ansammeln, auf der anderen Seite uns aber auch immer wieder von ihm befreien, bis wir uns der Tatsache bewusst geworden sind – und dementsprechend auch unser Leben einrichten – dass wir, indem wir ein- und ausatmen, zugleich leben *und* sterben; mehr erst einmal nicht. Alles andere: die Vergangenheit, die längst vergangen ist, und die Zukunft, die noch längst nicht begonnen hat, ja den jetzigen Augenblick, *lassen wir los*, so dass sich unsere unverstellte Existenz schließlich in ungetrübter Spiegelung widerzuspiegeln beginnt: entspannt, behutsam, friedlich, alles ›wahr‹-nehmend, aufmerksam und intensiv.

Wir sind dann auch keine Christen, keine Juden, keine Mohammedaner, keine Hindus und vor allem auch keine Buddhisten mehr, keine Deutschen, keine Amerikaner, keine Russen: Von alledem bleibt, wenn wir den Zen-Weg konsequent gehen, nichts wirklich mehr übrig; das ist es.

Meditation erfordert eine gewisse Fähigkeit, unseren trainierten Geist zurückzulassen und ins Schweigen einzutreten und, was ganz sicher jedem von uns schwer fällt: ein uneingeschränktes, reines Nichts zu sein. Erst dann erfahren wir die Erde, den Himmel, unseren Mitmenschen, die Tiere, die Pflanzen und das Mysterium des Lebens selbst *neu*, so dass sich langfristig gesehen so auch erst neue gesellschaftliche Strukturen herausbilden können.

Wir sind dann weniger abhängig vom Vorhandensein der Dinge, der Gegenstände und Sachen, weil wir uns der Tatsache bewusst geworden sind, dass wir neunzig Prozent der Dinge, mit denen wir uns umgeben und die wir um uns herum anhäufen, in Wahrheit nicht brauchen. Schon dieses Wissen vermindert dann unsere Sorgen und Ängste über die finanzielle und materielle Grundlage unserer Existenz. Wir werden dann, wie wir sehr schön bei Castaneda lernen können, auf dieser Ebene unseres Daseins frei, ja ab sofort, wie er sagt, »unerreichbar«.

Diese »Unerreichbarkeit« befreit uns nicht nur von den materiellen Abhängigkeiten. Sie macht uns vor allem auch unabhängig von der Zustimmung oder Ablehnung durch unsere Mitmenschen. Und sie verhindert so vor allem auch jene verhängnisvollen Projektionen und Erwartungen, die andere Menschen in uns setzen.

Das Nichts, gegen das die abendländische Metaphysik nach Heidegger ihren Aufstand probte und hier und da noch immer probt, löst im Osten keine Furcht aus. Ganz im Gegenteil: Es schafft Freiheit, öffnet Türen und zerstört alle Begrenzungen, Aus-grenzungen und Ein-seitigkeiten, die unsere aristotelische Logik kennt und die sich immer wieder nur um ihre eigene Achse dreht.

Um es abschließend noch einmal zu formulieren: Für den ›Osten‹ ist und bleibt der eindimensionale analytische Verstand das bloße Produkt einer spezifischen Erziehung und Bildung, eine spezifische Tätigkeit bzw. Verhaltensweise, die uns anerzogen wurde – der aber die Wahrheit verschlossen bleibt. Der analytische, sich alles zu einer ›Vorstellung‹ machende Verstand ist und bleibt infolgedessen nur für das Begrenzte zuständig, das im Zen geübte ›Nicht-Denken‹ dagegen für das Unbegrenzte, Offene, die lichtende Weite. Die Folge ist: dass Zen auch nichts mit unseren bisherigen europäischen Denkfortschritten zu tun hat, und andererseits gesehen Zen auch mit diesen Denkfortschritten nicht greifbar wird. Zen stellt primär eine unmittelbare, ja ursprüngliche Erfahrung dar, die auch durch keinen wissenschaftlich-technischen Fortschritt je eingeholt werden kann.

Ausgehend von diesem Fortschritt suchen wir unsere Antworten in der Bibel, im Koran und der Gita, statt, wie Zen lehrt, sie *in uns selbst* zu suchen.

Zen ist ein möglicher, für mich *der* Weg, zu unserer eigentlichen Essenz zu gelangen. Das geht schließlich so weit, dass nichts mehr übrig bleibt und doch alles geschieht, sich im Heideggerschen Sinne ›ereignet‹.

Auf dieser Suche nach dem eigentlichen Sein unserer Existenz, auf der Suche nach unserem Ur-Gesicht, dem Gesicht ohne Übermalungen, entsteht in uns Stille, Freude, Lebendigkeit, die, wenn sie einmal erfahren wurde, unzerstörbar ist; sie bleibt gegenwärtig.

Wenn wir, um bisherige Formulierungen noch einmal aufzunehmen, völlig de-programmiert bzw. des-hypnotisiert sind, was natürlich einen langen, krisenhaften Weg zu gehen bedeutet, sind wir nur noch reines Nichts, nur noch Stille, personal gesehen: Niemand.

Um der damit angesprochenen Zufälligkeit unserer Existenz zu entgehen, entdeckten wir in unseren jüngeren Jahren unsere Sehnsucht, unangefochten wie Gott zu sein – um nun jedoch zu erkennen, dass wir gerade dies nicht *sein können*, auch wenn wir im Blick auf ein solches Gottesbild uns möglicherweise noch lange vor dem Blick in den Abgrund, will sagen: in das Nichts hüten.

Aber gerade unsere Erwartungshaltung, in diesem Fall auf Gott gerichtet, kennzeichnet genau wieder jene Hölle, in die wir uns immer wieder verlaufen, statt dass wir den ›Sucher‹ *in uns* entdecken und den Zen-Weg ohne jede noch so reizvolle Erwartungshaltung gehen.

Es war Bodhidharma, der Buddhas Botschaft einst nach China brachte. In China herrschte ein anderes Klima als in Indien. Tao war das Klima äußerster Lebensbejahung, so dass die Lehre Buddhas hier zu einer völlig anderen Entwicklung führte als in den anderen ›Exportländern‹.

Zen ist daher nicht einfach Buddhismus. Und in der Tat: Die orthodoxen Buddhisten erkennen Zen nicht einmal als

Buddhismus an – womit sie Recht haben. Denn Zen ist das Produkt zwischen den Einsichten Buddhas und den Einsichten Laotses, mit anderen Worten: des Zusammentreffens von Buddhas Meditationstechnik und der Natürlichkeit Laotses, des Tao, Samadhi, völliges Erwachen, ist entsprechend der Lehre Laotses reines, natürliches, alltägliches Leben.

Sobald wir in unserem Zentrum, in unserer Mitte und damit Stille angekommen sind, können wir es in den Begriffen verschiedener Kategorien ausdrücken. Wir können etwa das Yoga-System des Patanjali benutzen; wir sagen dann, wir befinden uns im Zentrum unseres Seins: *sabodhi*. Wir können aber auch das Tantra-System benutzen, dann sagen wir, dass das Zentrum unseres Seins in unserer Lebensenergie, symbolisiert in *shiva* und *shakti*, liegt. Wir können aber auch den Weg des Zen-Yogas gehen. Entscheidend ist nur, dass es immer wieder nur um das eine geht: im Hier und Jetzt zu sich selbst zu finden, um alles, was nicht dazu gehört, endgültig fallen zu lassen.

Zen stellt keine ›Motivation‹ und auch kein ›Interesse‹ dar, irgendwohin zu gehen, gar irgendetwas zu tun, etwas zu ›finden‹ – Zen ist ganz einfach nur das Bekanntwerden mit uns.

Wir sind. Folglich liegt es auf der Hand, dass wir auch wissen wollen, *wer* wir tatsächlich sind, und *wer* ich bin und *wer* Sie sind. Dazu ist keine besondere Neugierde erforderlich. Denn indem wir dieser Frage nachgehen, wollen wir ja gerade nichts ›werden‹; wir befinden uns nur auf dem Weg *zu sein*, uneingeschränkt *nur zu sein*.

Dabei ist die Unerklärbarkeit des Lebens, des Seins, seine Unerkennbarkeit und Unberechenbarkeit wieder das, was dem Leben die entscheidende Kraft gibt. Wenn alles berechenbar, alles mathematisch und logisch wäre, würde das Leben seine Schönheit und seinen Glanz verlieren und wir selbst würden zu wandelnden Leichen werden.

Za-sen heißt: an der innersten Quelle meines ›Da‹-seins nur still zu sitzen und von jetzt an *nirgendwo* mehr hinzugehen. Eine ungeheure Kraft steigt in uns auf, hin zu voller Lebensbejahung, zu Mitgefühl und Kreativität.

Was sich in diesem stillen Sitzen tatsächlich vollzieht, kann viele Formen annehmen. Entscheidend ist: dass wir lernen, in unserem Zentrum wohnen zu bleiben, von dem aus sich unser Leben immer wieder aufs Neue entfaltet. Wenn wir in unserem Zentrum beharrlich und unangefochten still sitzen, können wir auch erst allen mentalen Aktivitäten gerecht werden, ohne dass sie uns stören. Und wir können uns dann auch erst wirklich einem anderen Menschen zuwenden, uns ihm hingeben, ohne dass uns daraus Schwierigkeiten erwachsen. Denn Liebe lässt es nicht zu, dass wir uns von uns wegbewegen. Ganz im Gegenteil: Sie zwingt uns dazu, unser Ur-Gesicht zu sehen und offen zu werden.

Liebe ist die tiefste Erschütterung, die wir in unserem Leben erfahren können, sagte ich. Wenn sie uns ›heimsucht‹, müssen wir sie ›zulassen‹ – wenn wir an ihr nicht zugrunde gehen wollen. Erst recht gilt dies im Za-sen: einfach nur sein – woraus schließlich eine tiefe Dankbarkeit gegenüber allem Lebendigen erwächst.

Wenn es uns daher gelingt, wenigstens fünf Minuten am Tage einfach nur zu sein, ganz ›da‹ zu sein, still zu sitzen, dann reicht das aus, um Sie an Ihre Buddhaschaft – und das heißt: an die in Ihnen vorhandene, aber noch nicht voll entfaltete Weisheit – zu erinnern.

Wir sind dann in zweierlei Hinsicht zu Entdeckern geworden:

(a) im Hinblick auf die Außenwelt sind wir die Nachfolger von Galilei, Kopernikus, Kolumbus und

(b) im Hinblick auf die Innenwelt: die Nachfolge **Buddhas**.

Wir werden heute die Eigenschaften eines Buddhas mit denen eines Galilei verbinden müssen, wenn wir aus der Schwierigkeit unserer derzeitigen Lage herauskommen wollen: ungeheuer interessiert an der äußeren und in gleicher Weise ungeheuer interessiert an der inneren Welt: der Suche nach uns selbst, nach unserer Buddhanatur.

Im Abendland glaubt man, dass das Ziel von Zen, wenn es denn überhaupt eines gibt, darin bestehe, sich aus und von der Welt zu lösen. Das ist nicht der Fall. Es geht vielmehr darum, in Auseinandersetzung mit der Welt erst einmal sich selbst in seinem Woher, Wohin und Wozu zu erkennen, bevor man der Gesellschaft etwas geben kann, was von irgendeinem Wert ist. Die ausschließlich materielle Freiheit gibt uns nicht die wahre Freiheit; die ausschließlich materielle Freiheit führt, wie wir heute sehen, zur Sklaverei. Zen lehrt aber – und bewahrt damit seine eigentliche Sprengkraft (auch politisch): Tief in uns liegt der Schlüssel verborgen, der uns hilft, unsere Probleme zu lösen. Wir brauchen uns nicht ständig etwas vorsagen, uns ständig überholte bildungspolitische Belehrungen aufnötigen zu lassen.

Die ohne allen Zweifel vorhandene Ungewissheit unseres Lebens, die aber gerade den ganzen Reichtum dieses Lebens ausmacht, führt uns offenbar, statt wirklich den Weg zu sich selbst zu gehen, um alles zu verlieren und zugleich alles zu gewinnen, immer wieder dazu, unser Schicksal u. a. über das Medium von Karten, Kristallen, Pendeln, Kräutern, chinesischen Orakelmünzen und kosmischen Kulten zu befragen. Wieder wenden wir uns Glaubenssystemen zu, die wieder nichts mit uns selbst zu tun haben. Wir liefern uns, wenn wir diesen Weg einschlagen, wieder anderen, nur nicht uns selbst aus. Wir werden wieder ›erreichbar‹ und schließlich wieder zu Opfern.

Sein und Zeit in Ost und West

Der Meister fragt: Was ist es, das ich in der Hand halte? Ein Schüler, der innerhalb des Rahmens des gegebenen Problems bleibt und versucht, eine angemessene verbale Lösung zu finden, wird wahrscheinlich einen ordentlichen Schlag auf den Kopf erhalten. Es geht bei dieser Frage, bei diesem *Koan*, darum, den Schüler zu Neuem, Ungewohntem zu provozieren, wobei eine Lösung u. a. darin bestehen könnte, überhaupt keine Antwort zu geben und dem Meister einfach den Stab aus der Hand zu nehmen.

Um einen Schüler aus seinen eingefahrenen Gleisen des Denkens herauszuschocken, gebraucht der Rinzai-Meister auch das so genannte ›Ho‹, d. h. einen plötzlich lauten Schrei direkt in sein Ohr, oder auch einen unerwarteten Stockschlag auf seinen Kopf.

Auch jetzt geht es darum, das Bewusstsein des Schülers wieder in diesen Augenblick zurückzubringen. Man muss sich schließlich so völlig in seinem Tun auflösen, dass auch schon jedes Nachdenken über das Tun verschwindet. So wird in einer solchen Grenzüberschreitung allen Planens, aller Absichten und aller Ziele, wenn das jeweilige Handeln spontan und ohne Anstrengung aus der Mitte unseres Daseins heraus erwachsen soll, jede Kunst zu wirklicher Kunst, zur »kunstlosen Kunst«, wie Eugen Herrigel sagt, zu einem direkten Ausdruck des *Hier-Jetzt*. Es ist die in sich versammelnde Kraft spontaner Intuition, die dem schöpferischen Tun des Künstlers die Qualität des Lebendigen, des Künstlerischen gibt.

Rinzai misst der Praxis des Za-sen größte Bedeutung zu. Za-sen heißt: für lange Zeit in einer aufrechten Sitz-Haltung zu sitzen und sich auf den Fluss des Atems (oder auf ein vorgegebenes Koan) zu konzentrieren, wobei dieses Sitzen seinen ihm gebührenden Platz in einer Reihe mit Gehen, Stehen, Liegen, Tanzen, kurz: mit was immer man es gerade zu tun oder nicht zu tun hat, einnimmt.

Zen beschäftigt sich jedoch nicht nur mit unserem Alltagsbewusstsein, mit unseren Gedanken, Gefühlen, Empfindungen und Wahrnehmungen, indem er weniger nach dem *Warum* unseres Daseins als vielmehr nach seinem *Wie* fragt. Wir alle sind Brennpunkte von Ereignissen, wobei die Gedanken nur Gäste in unserem Bewusstsein sind. Um uns von ihnen zu lösen, einschließlich von unseren zur Gewohnheit gewordenen Verhaltensweisen, bedienen wir uns ganz bestimmter Techniken – wie eben des Za-sens –, die allen zugänglich sind, also niemanden ausschließen.

Zu solchen Techniken gehören die bekannten *mudras* und *mantras*, also ganz bestimmte Körperhaltungen und Handgesten von archetypischer Natur, die ihre Resonanz in den tieferen Schichten unseres Bewusstseins finden. Die *mantras* sind in diesem Zusammenhang gesehen Worte oder Laute zur Stimulierung psychischer Prozesse, wobei ihre Silben sich durch charakteristische Schwingungen auszeichnen, die wiederum zu bestimmten Bewusstseinszuständen führen.

Warum wenden wir uns im ›Westen‹ heute diesem Weg zu? Wenn auch die Jahrhundertphysik, namentlich diejenige Heisenbergs, das Ende des von Newton und Descartes entworfenen mechanischen Weltbildes aufgezeigt hat, so wird unser Alltagsbewusstsein davon heute kaum berührt. Für manche dreht sich heute immer noch die Sonne vorkopernikanisch um die Erde, die Gegenstände sind fest, Kausalität regiert und die Subjektwelt ist scharf von der Objektwelt *getrennt*.

Der ›Osten‹ stimmt uns auf den hier aufgezeigten Weg so ein, dass wir die nach-newtonsche Wirklichkeit erfahren und leben können. Dazu gehört, dass unsere gedanklichen Vorstellungen von Sein und Zeit, aber nicht nur dies, sondern auch unsere bisherige Vorstellung von uns selbst bislang auf einer fundamentalen Täuschung beruht und demzufolge auch nicht länger mehr aufrechterhalten werden können. Daher scheint es mir wichtig zu sein, dass wir weiterhin das cartesianische onto-theo-ego-logische Grundmuster des okzidentalen Denkens im Anhalt an die von Heidegger verfolgte Sein- und Zeit-Frage dekonstruieren, d. h. abtragen und abbauen. Bewegt sich die bisherige abendländische Philosophie und Wissenschaft immer noch auf der Ebene dieses Grundmusters, so denke ich, dass der ›Osten‹ dieses Fundament aufgrund einer Erfahrung, die tiefer angelegt ist als die Erfahrung, die in diesem Grundmuster zum Ausdruck kommt, wenn nicht schon ad absurdum geführt, so doch aufgrund eigener Erfahrungen längst in die Schranken verwiesen hat.

Angesichts der heutigen existentiellen Erfahrung der offenbaren Sinnlosigkeit unseres Daseins und angesichts der existenzialen Bedeutung des Todes, d. h. unseres ›Seins zum Tode‹, erfahren wir heute, dass wir permanent am Abgrund leben, ja selbst der Abgrund, wir können auch sagen: das abgründigste Wesen, das die Natur je hervorgebracht hat, sind. Warum ist das so? Das Sein unseres Selbst im Sinne einer ewig gültigen Substanz hat sich in unseren Tagen, wie so vieles andere auch, als Illusion erwiesen. Allen Dingen liegt mithin heute ein *Nihilum* zugrunde, das uns nicht einmal mehr gestatte, zu glauben, dass wir Menschen irgendwelche dauerhaften Spuren in der Zukunft hinterlassen werden. Im Großen Zweifel, der weit über den methodischen Zweifel Descartes' hinausgeht, erkannte der Buddha jenes Nichts, durch das jedes ›Ich‹ früher oder später erlischt, wodurch wiederum oder erstmals eine totale Kehre – bezogen auf uns selbst –, eine ›Umkehr‹ eintritt. Denn das von Buddha gemeinte Nichts ist nicht das Sartre'sche ›Nichts‹, das dem Ego immanent eigen sein soll. Die absolute Leere Buddhas ist vielmehr ein solches Nichts, in dem auch noch dieses Nichts aufgehoben ist – oder noch anders ausgedrückt: in der sich schließlich die Leere selbst entleert hat.

Was damit gemeint ist, ist natürlich wieder nur äußerst bedingt durch Begriffe und Kategorien be-›greifbar‹ zu machen, so dass ich automatisch wieder auf Meditation als der einzigen Möglichkeit der Vergegenwärtigung dieser Erfahrung zu sprechen komme.

Wenn ich den Zen-Weg gehe, dann erkenne ich, dass die heutige Sinnlosigkeitserfahrung aus der Mechanisierung unseres Lebens resultiert. Dass aber das in dieser Sinnlosigkeitserfahrung erfahrene Nichts leider immer noch wie ein ›Ding‹ erfahren wird, das man schließlich mit der uns zur Verfügung stehenden zweiwertigen Logik überwinden könnte, ist nicht der Fall.

Die Lehre Buddhas steht für die Dimension jenseits von Theismus und Atheismus, sie ist heute eins mit dem von Heidegger erörterten ›Ereignis‹, eins mit der Dimension der Großen Bejahung, wie sie Nietzsche gelehrt hat. Es ist daher falsch zu sagen, unser Selbst sei leer; es muss vielmehr heißen: Die Leere, gleichwohl die Stille, die in der entspannten Ruhe der Zen-Meditation erfahren wird, ist unser Selbst.

Darüber aber zu reden, fällt uns schwer. Es fällt schwer zu sagen, dass alle Dinge am Ort des Selbst sind, so dass wir auch mit Recht sagen können: Wir sind im Grund der Dinge. Aber vielleicht ist es viel wichtiger zu betonen, dass sich hinter allen den Versuchen, sich gegen das Nichts aufzulehnen, eine Fülle von Fiktionen verbirgt, so dass die Rede von der Welt als einem Schattenreich gar nicht so abwegig ist.

Unser Gesicht, wenn wir es nur eindringlich genug beobachten, enthüllt sich uns immer noch als Maske, die die Hülle für weitere Masken darstellt. Wir sind im Grunde Menschen ohne Eigenschaften, mithin: Maskenträger und Schauspieler, die nicht nur in wechselnde Kostüme schlüpfen, sondern am Ende nicht einmal mehr in der Lage sind, ihr eigenes Gesicht wirklich zu erkennen. Die Nichtidentifizierbarkeit mit dem ›Ich‹, das wir ständig vor uns her tragen, die schon Rimbaud mit seinem berühmten Satz: »Ich bin ein anderer« formulierte, hat Borges in ›Everything and Nothing‹ so umrissen: »In ihm war niemand; hinter seinem Gesicht ... und hinter seinen Worten, die üppig, phantastisch und wildbewegt waren, stand nicht mehr als ein kaltes Wehen, ein Traum, der von niemandem geträumt ward ... Als er (Shakespeare) einige zwanzig Jahre alt war, ging er nach London. Instinktiv hatte er sich schon zu dieser Zeit angewöhnt, so zu tun, *als sei er ein anderer*, damit seine *Niemandsverfassung* nicht herauskäme; in London fand er einen Beruf, für den er prädestiniert war, nämlich den des Schauspielers, der auf der Bühne spielend so tut: *als sei er ein anderer*, vor einer Ansammlung von Leuten, die spielend so tun, *als hielten sie ihn für einen anderen*!«

Die Rolle des Schauspielers vertauschte Shakespeare schließlich mit der Rolle des Poeten, der sich der gleichen »planmäßigen Halluzination dichterisch verschrieb, der er als Schauspieler (aber schon) huldigte«. Zum Schluss seines Lebens sprach er zu Gott: »Ich, der ich so viele Menschen gewesen bin, *will nur einer und ich sein*.« Gott jedoch sprach daraufhin zu ihm aus einem Wirbelsturm: »Auch ich bin nicht; ich habe die Welt geträumt, wie du, mein Shakespeare, dein Werk geträumt hast, und unter den Gebilden meines Traumes bist du, der du wie ich viele und niemand bist.«

Die Leere der Schöpfung wird für einen Augenblick noch einmal durch eine bewusste Fiktion Gottes erfüllt, so dass auch unser Leben, aus dieser Perspektive heraus gesehen, eine Fiktion, ein Traumbild Gottes darstellt – eines Gottes, der jedoch auch nur wieder eine Fiktion im menschlichen Traumgebilde darstellt und so fort. Wir Menschen sind und bleiben wie Gott Schöpfer von Traumgebilden.

Um dem zu entgehen, d. h. um dieser Wahrheit aus dem Wege zu gehen, schaffen wir in rastloser Tätigkeit, die kein anderes Motiv kennt als nur Geld und Reichtümer aufzuhäufen, ständig neue Illusionen und Bedürfnisse, ja wir akkumulieren Macht, um am Ende in aller Verzweiflung den Wahn, der von uns ständig genährt wird, nicht mehr durchschauen zu können. Solange wir aber diese Welt – oder was wir dafür halten – nicht als das durchschauen, was sie ist, nämlich als ein Irrenhaus, bleibt diese Welt für jeden Einzelnen von uns lediglich ein Exil, in dem wir – wie in einem Labyrinth – eingeschlossen leben, wenn auch in einem rast- und ziellosen Unterwegssein, wenn auch gebannt in Wiederholungszwängen und unter Atemnot leidend. Vielleicht brauche ich hier nur auf die Deutungen der Welt Piranesis, auf Jeminez' ›Labyrinth‹, auf Kafkas ›Prozess‹ oder auf Joyce Dädalus im ›Ulysses‹ hinweisen, um mich verständlich zu machen.

In allen diesen Werken geht es in äußerst realistischer Weise um die Unmöglichkeit, einen Ausgang aus dem von uns und unseren ›Vorstellungen‹ und ›Ideen‹ geschaffenen Labyrinth unserer Wünsche, Hoffnungen und Begierden ins Freie zu finden. Die Dichtung hält uns hier ständig einen Spiegel vor, indem sie uns ihre rätselhaften Labyrinthe mit ihren Tausenden von Sackgassen und mehreren oder gar keinen Ausgängen provozierend vor Augen führt.

Das hat nichts mit Gegenaufklärung zu tun, sondern im Gegenteil, mit einer *radikalen Aufklärung* über das, was sich tatsächlich heute vollzieht, u. a. in Form einer geradezu gigantischen Überindustrialisierung der Welt, die gegenwärtig zu einer einzigartigen Fabrik umgestaltet wird – und zwar eine Überindustrialisierung infolge einer ›Maß‹-losigkeit, dessen Opfer wir werden oder es schon längst geworden sind.

Dieser Welt gegenüber versteht der Buddhismus von seiner Geburtsstätte Indiens bis hin zu seiner Zen-Gestalt unser In-der-Welt-sein als permanent selbst verschuldetes Leiden. Das Nirvana, das nicht mit irgendeinem Jenseits verwechselt werden darf, heißt, dem bisherigen Gedankengang folgend, sich endgültig von jenen Traumgebilden zu befreien, die unser Leben bislang ausmachen. Diesem Leben gegenüber gilt es nach der Lehre Meister Dogens zu sterben, was nicht heißt: aus dem Leben auszusteigen bzw. einen Rückzug aus dem Leben, aus der Welt, zu vollziehen. Um was es geht, ist vielmehr: aus der absoluten Stille in uns in *dieser Welt* tätig zu werden und zu bleiben, wobei das Urwort *OM* ein unwortliches Vorwort der Sprache des Erwachens ist, an dessen Stelle auch ein Atemzug oder das Hören des Regens treten kann: Alles Wege, um zum ›Ich‹ und ›Selbst‹-losen Selbst, dem das abendländisch-europäische ›Ich bin Ich‹ entgegengesetzt ist, gelangen zu können.

›Das Ende der Welt‹, nach dem heute immer wieder gefragt wird, sollte im Sinne der Bibel (Buch Daniel und der Offenbarung des Johannes) zugleich der Beginn einer gänzlich neuen, einer erlösten Welt sein. Dabei hat diese apokalyptische Erwartungshaltung des europäischen Kulturkreises die Phantasie intensiv beflügelt, ja ohne sie wäre die abendländische Kultur, Kunst und Literatur heute überhaupt nicht denkbar.

Aber wir wissen heute natürlich auch, dass dieser heilsgeschichtliche Rahmen inzwischen verloren gegangen ist. Gleichwohl leben wir heute apokalyptisch, wenn wir uns die Daten der Umweltforscher ansehen. Durch die Überführung der Heilsgeschichte in unsere profane Menschheitsgeschichte wird die Geschichte der Angst der Menschen heute erst recht fortgeschrieben.

Auch die Generation vor dem Ersten Weltkrieg wurde von einer Welle von Untergangsprophezeiungen heimgesucht, die – auch damals von fortschrittsgläubigen Rationalisten und profitbesessenen Menschen als neurotische Randerscheinung abgetan – dann doch wahr wurden!

Weltuntergangsphantasien waren für Freud Projektionen innerer psychischer Katastrophen. Aber Freud vernachlässigte den ideologischen und gesellschaftlichen Hintergrund. Der Verfolgungswahn, den Freud im Fall Schreber konstatierte, hat sich – nach heutigem Erkenntnisstand – dann doch als eine nur allzu begründete Angst vor der Verfolgung erwiesen.

Untergangsphantasien, die auf konkreten Untergangsstimmungen beruhen, müssen also keineswegs immer paranoid sein, sondern können die letzte Wahrheit über den Zerfall der modernen Zivilisation enthalten – was noch nicht heißt, dass damit schon die gesamte Menschheit zugrunde geht.

Bezüglich der letzten Warum-Frage müssen wir uns noch einmal vor Augen halten, in welchem Umkreis wir diese Frage stellen. Wir stellen sie heute im Umkreis der relativistischen Welt. Sie spricht Der Buddha an. Wir sprechen sie heute im Bereich von Raum, Zeit und Kausalität an, indem wir in den Kategorien von Anfang und Ende, von Leistung und Gewinn, von Sinn und Zielvorstellungen denken. Das, was wir in diesem Zusammenhang *das Göttliche* nennen, ist dabei identisch mit der Erfahrung, dass wir noch immer in einer n-dimensionalen Schöpfung voller Wunder leben, und dass diese Schöpfung im Grunde ein Spiel ist, wobei es für mich darauf ankommt, ob wir dieses Spiel heute bewusst oder unbewusst, schlafend oder im vollen Bewusstsein spielen.

Diesen Prozess der Bewusstwerdung zu vollziehen, ist

nach Buddha und all den anderen Mystikern oder Philosophen die eigentliche Aufgabe, die uns Menschen nicht erst
heute gestellt ist. Demgegenüber ist alles andere von sekun-
därer Bedeutung. Mein Abschlusssatz lautet daher: In dem
Maße, in dem wir diesen existentiell notwendigen Bewusstwerdungsprozess vollziehen, in dem Maße werden wir uns
unseres Denkens und Handelns und vor allem seiner Folgen
bewusst; das heißt: Wir übernehmen endlich die Verantwortung für uns selbst und für unsere gemeinsame Zukunft.

Meine Buddhanatur ist davon völlig unberührt[1]

C.K.: Hans Peter, es ist nicht nur dein Beruf, sondern auch deine Berufung, dir über alle wichtigen gesellschaftlichen Entwicklungen Gedanken zu machen – aus wissenschaftlicher und politischer Sicht ebenso, wie aus dem spirituellen Blickwinkel. Wenn dich jemand ganz einfach fragt »Was hältst du vom Internet?« – an was musst du dann als Erstes denken? Was fällt dir spontan ein?

H.-P. Hempel: Dass viele darüber reden, ohne eigentlich seine Bedeutung für sich selbst und für die Arbeitswelt wirklich zu begreifen.

C.K.: Gibt es etwas, was du an der Entwicklung des Cyberspace, verstanden als eine neue technisch geschaffene Wirklichkeitsdimension, in der Menschen arbeiten, Kontakte pflegen, forschen und Kultur machen, besonders gefährlich findest?

H.-P. Hempel: Das Gefährliche der Gefahr, in der wir nicht erst seit heute leben, ist: dass unser Bewusstsein mit allen diesen doch auch großartigen Entwicklungen nicht wirklich mit-

---

1 Ein Interview über Cyberspace und Technik mit Hans-Peter Hempel, Dozent für Politikwissenschaften an der TU-Berlin, seit zwanzig Jahren Yoga-Lehrer. Claudia Klinger, Kommunikationsdesignerin im WorldWideWeb und seit fünf Jahren seine Schülerin, führte das Gespräch.

kommt; dass wir – wie Einstein gesagt hat – bisher noch nicht einmal zehn Prozent unseres Bewusstseinspotentials ausgeschöpft haben, so dass wir weder verstehen, noch begreifen, was mit uns und durch uns jetzt wirklich geschieht.

C. K.: Und gibt es etwas, was dich hoffen lässt? Zum Beispiel könnte man annehmen, dass die physische Welt zunehmend von der menschlichen Umtriebigkeit verschont wird, wenn mehr und mehr Menschen im rein Virtuellen arbeiten und ihre Produkte keine physischen Gegenstände mehr sind – Vilém Flusser, der Medienphilosoph, hat ja die Vorstellung gehabt, wir müssten vom Produkt weg zum reinen spielerischen Projizieren kommen …

H.-P. Hempel: Nein, wenn nicht doch noch ein Wunder geschieht? Solange wir Menschen nicht bereit sind, wirklich aufzuwachen – und das heißt: erwachsen zu werden –, werden wir uns auch gegenüber der Technik weiterhin wie Schlafwandler verhalten; das Ergebnis eines solchen Verhaltens kann nur katastrophal sein.

C. K.: Um zwei zentrale Punkte ranken sich techno-utopische Vorstellungen im Zusammenhang mit dem unglaublich wachsenden Internet: Der freie Zugang zur Information, zu allen angehäuften Wissen der Menschheit – und andererseits die Möglichkeit, Kontakte zu knüpfen, Gleichgesinnte zu finden, Gemeinschaften zu bilden jenseits aller tradierten Bindungen wie Familie, Sozialstatus, physischer Ortsgebundenheit. Wird uns das aus deiner Sicht wirklich weiterbringen? Zum Beispiel von der Bevormundung durch Mittlerinstitutionen wie Massenmedien, Lobbys und Nationalstaaten befreien?

H.-P. Hempel: Claudia, – ich wünschte, du hättest recht! Aber du weißt als langjährige Yogini – und gute Yogini – doch sehr gut, dass die Bewegung zur positiven Veränderung der katastrophalen Lage, in der die Menschheit sich nicht erst heute befindet, nur durch uns Menschen selbst erfolgen kann und nicht durch irgendeine wissenschaftlich-technische Revolution. Letztere stiftet eher eine sehr eigentümliche Nähe und Ferne, nämlich eine technische, die uns immer weiter voneinander entfernt und zugleich jene überhitzte, *wahnhafte Nähe* entstehen lässt, wie sie u. a. in der »Love Parade« der Technokultur Ausdruck gefunden hat. Den freien Zugang zur Information hatten wir bislang auch ohne Computer. Und totalitäre Staaten werden natürlich auch in Zukunft wissen, wie sie diesen freien *Zugang technisch-wissenschaftlich* verhindern können. Die Frage lautet eher, was wir mit dieser Flut der Informationen, die auf uns aus dem Internet einstürmt, anfangen sollen und sollten? Diese Flut existierte, wie Robert Musil gezeigt hat, auch schon lange vor der Existenz des Internets.

C.K.: Unsere hochzivilisierte Welt ist schon jetzt nur mittels der Technik möglich – man könnte das Hineinwachsen des Computer- und Netzwesens ins individuelle Leben als Demokratisierung technischer Mächtigkeit verstehen. Auch ich kann heute bequem von zu Hause aus Dinge tun, zu denen vor nicht allzu langer Zeit ganze Unternehmen erforderlich gewesen wären, einschließlich der schwierigen Einigungs- und Abstimmungsprozesse, die innerhalb der Hierarchien menschlicher Institutionen üblich sind. Was sagst du zu dieser Entwicklung?

H.-P. Hempel: Ich kann diese Entwicklung noch nicht sehen. Hier werden utopische Träume vorweggenommen; die Realität wird in ein paar Jahren sicher anders aussehen. Vergiss bitte nicht, dass neben der Kultur von Weimar in unseren Tagen das Konzentrationslager von Buchenwald aufgerichtet wurde: eine Entwicklung, die die »Aufklärung« ganz sicher nicht für möglich gehalten hätte. Wo ist unsere Welt »hoch-zivilisiert«? Ich kann, wenn ich hier in der Kantstraße aus dem Haus trete, nichts davon finden: Dafür schlägt mir allzu sehr der alles übertönende Lärm und Gestank dieser Straße in die Ohren, – bzw. was den Gestank betrifft: durch die Nasenflügel in mein Gehirn. Ich denke, wir sollten hier bei allem technischen Fortschritt nicht der offensichtlichen Werbung eines Bill Gates zum Opfer fallen. Du und ich sollten stattdessen den Verblendungszusammenhang, der hier von den Werbeveranstaltern in so offenkundiger Weise noch zusätzlich für Verdummung der Schlafwandler erzeugt wird, uns selbst und anderen gerade durch das Internet nachdrücklich zu Bewusstsein bringen.

C. K.: Ein beliebtes Vorurteil ist die Vorstellung vom kommunikationsunfähigen PC-Freak, der hinter dem Monitor kaum mehr hervorkommt und menschliche Realkontakte vermeidet.

Untersuchungen haben ergeben, dass dies nicht den Realitäten entspricht – aber, das weiß ich aus eigener Erfahrung – es gibt Gründe genug, »Realkontakte« zu meiden, wo immer es technisch möglich ist. In einer Großstadt nachts U-Bahn fahren, im Mobbing-Klima der Büro-Welt aushalten, im hohlen Blabla vieler politischer, akademischer und kommerzieller Redenschwinger mithalten, schließlich: im Kaufhaus etwas einkaufen müssen und sich in der teuer-gestylten Glitzerwelt wie ein Stück Dreck vorkommen – wie angenehm ist es da, das meiste von zu Hause aus zu erledigen und sogar ein soziales Leben per Internet zu führen, wo man sich die Leute aussuchen kann. Mir scheint, der Imperativ der 68er-Bewegung: »Ändere Deine Umwelt?« ist endgültig verblasst zugunsten der Möglichkeit, einfach »woandershin« auszuweichen, eben in den Cyberspace.

H.-P. Hempel: Im Grunde habe ich darauf schon unter Punkt vier geantwortet.

Wir haben nicht nur die äußere Armut geschaffen, die wir in den Kaufhäusern heute so hautnah spüren können, wenn wir es denn nur wollten, sondern auch unsere innere. Das damit verbundene Problem wird erst verschwinden, sobald wir den »Tanz ums Goldene Kalb« endlich beenden. Die heute entgrenzte kapitalistische Produktionsweise und die derzeitigen bürgerlichen Verhältnisse sind nur Ausdruck dieses schon lang andauernden Totentanzes, daran ändert auch der Cyberspace nichts, der doch das Produkt dieses »Fortschritts« darstellt, des Fortschritts **von uns weg**, statt zu uns hin.

C. K.: Mir scheint es manchmal so, als würde uns durch die Entwicklung der Netzwelt mit all ihren Implikationen von außen Veränderungen aufgezwungen, die wir nicht bereit waren, selbst von innen her zu leisten: Selbstverantwortung übernehmen, Unsicherheit aushalten. Veränderungen als etwas Natürliches empfinden und uns kreativ anpassen anstatt sie zu bekämpfen, Illusionen aufgeben wie die von einer einzigen Wahrheit, dem einzig richtigen Leben, ja, einer »wirklichen Wirklichkeit«.

Angesichts einer Technik, die eine wahrhaftig sehr wirksame und folgenreiche Welt entstehen lässt, die letztlich aber nur aus Nullen und Einsen auf irgendwelchen Festplatten besteht, fällt es zunehmend schwer, den Glauben an eine »wirkliche Welt« aufrechtzuerhalten. Wie siehst du diese These vom Zwang zur Emanzipation?

H.-P. Hempel: Wir müssen scharf auseinander halten: Die industriell-wissenschaftlich-technische Cyberspacewelt und die Lebenswelt, auf die natürlich die Cyberspacewelt massiv einwirkt, aber die nicht schon mit ihr identisch ist. Der Mensch *ist mehr* als ein Hochleistungsroboter. Solange jede

Generation an sich selbst die Frage stellt, wozu dieser ganze Fortschritt denn dienen soll, so lange bleibt die Frage nach der Emanzipation des Menschen von derartigen, ihm eingeredeten Zwängen bestehen. Wichtig ist nur, dass wir uns von Prophezeiungen wie den eines Hawking oder Moravec nicht weiter einschüchtern lassen. Und diese Gefahr besteht in der Tat heute. Wir müssen begreifen, dass ein Moravec den Prozess der Selbstausgrenzung des Menschen aus der Natur betreibt, wobei die damit einhergehende angebliche »Selbst«-behauptung des Menschen zugleich ein auf massive Verdrängung des bestehenden Herrschaftsverhältnisses des Menschen nicht zuletzt über den Menschen begründet und fortschreibt, an deren Ende er schließlich sich selbst verloren geht. Dies merkte Nietzsche, als er davon sprach, dass wachsende Wüsten um uns den anwachsenden Wüsten in uns entsprächen.

C. K.: Ein Vorwurf an die gesamte Neuzeit ist der Vorwurf der extremen Mentalisierung des menschlichen Wesens, die Vorherrschaft des mathematisch-naturwissenschaftlichen Denkens, die Entfremdung von der eigenen Innenwelt mit all den viel beschriebenen schädlichen Folgen. Wenn das Netz zu Ende gedacht wird, umspannt bald ein riesiges Mega-Gedächtnis die Erde, in dem alles derart mentale Wissen gespeichert ist – werden sich die Menschen dann anderen Dimensionen des Lebens zuwenden? Dem Spielerischen, den Künsten? Gar der Erforschung der eigenen vernachlässigten Innenwelt? Ich komme darauf, weil es immer so ist, dass wir eine Funktion aufgeben, wenn sie einmal von außen technisch hergestellt ist …

H.-P. Hempel: Nein, Claudia: Da geht wieder dein metaphysisches Bedürfnis, wie es Kant genannt hat, mit dir durch. Du glaubst, trotz aller bisherigen Erfahrungen, immer noch daran, dass die Menschheit ihre Mühsal mittels einer wissenschaftlich-technischen Revolution durchgreifend lösen könne. Ich hingegen setze bei aller Entlastung, die u. a. der wissenschaftlich-technische Fortschritt für uns darstellt, allein auf *die geistige* Umkehr des Menschen, die – wie schon gesagt – aber nur dann erfolgen kann, wenn er endlich zu sich selbst hin aufwacht. Du denkst hier zu einseitig: zu technisch.

C. K.: Eine Verschärfung der letzten Frage: Im Repräsentationsraum des Cyberspace steht alles gleich nebeneinander, ist prinzipiell das eine genauso fälschbar wie das andere, es veraltet, wird erneuert, ergänzt, von XYZ beliebig verändert und weitergegeben – ich stelle mir vor, dass das historische Bewusstsein des Menschen ganz verschwinden könnte zugunsten vielfältiger Erzählungen, eine so wahr oder unwahr wie die andere, aber das wird vielleicht gar nicht mehr wichtig sein. Was denkst du dazu? Ist das eine reale Möglichkeit oder Spinnerei?

H.-P. Hempel: Und bei dieser Frage bewegst du dich bereits im Cyberspace und gehst davon aus, dass diese Cyberspace–Welt identisch sei mit der Welt, in der wir leben; die Cyberspace-Welt ist eine Welt, bzw. Wirklichkeit (Realität), aber nicht *die* Welt bzw. Wirklichkeit, die du im Übrigen völlig unhistorisch siehst. Das liegt m. E. daran, dass du dir der Voraussetzungen nicht bewusst bist (was ja auch nicht ganz so leicht ist), ohne die die Cyberspace-Welt gar nicht geschaffen, gar nicht »gemacht«, gar nicht »hergestellt« werden könnte. Sobald man dies aber tut – und das heißt »Aufklärung« im wahrsten Sinne des Wortes zu betreiben – wird der Glaubenscharakter dieser Welt mit ihren paradiesischen Hoffnungen sofort durchschaubar; und auch, dass hier die sozialistische Utopie jetzt durch eine technische ersetzt wird.

Um Aufklärung in diesem Sinne betreiben zu können, halte ich es für ganz entscheidend, unsere »Verstandes«-tätigkeit von ihren Grundvoraussetzungen her, wie Kant es zu seiner Zeit so erfolgreich getan hat, transparent werden zu lassen, um sie schließlich im Prozess dieser Durchschauung, sprich: Aufklärung, zu transzendieren, also zu überschreiten. Das und nur das haben die Buddhas unserer Zeit gefordert. Alles andere ist das Geschwätz jener, die gar nicht wissen, von was hier überhaupt die Rede ist. Um mit Kant zu reden: Wir müssen die Prämissen unserer Verstandestätigkeit gründlich kennen lernen (und wissen, wozu sie taugen), um die Dimensionen der transzendentalen Einbildungskraft überhaupt im Sprung aus den engen Bindungskräften der industriell-wissenschaftlich-technischen Vernunft für unsere Zukunft erschließen zu können.

C. K.: Was ist Technik? Lange wurde behauptet, sie sei Werkzeug. Instrument, mit der wir die Welt verbessern, also unseren Vorstellungen anpassen. Mittlerweile steht es umgekehrt: Wir müssen uns an die technische Entwicklung anpassen, wer sich entzieht, ist nur einfach »draußen«.

H.-P. Hempel: Was ich bisher dazu schon gesagt habe, läuft darauf hinaus, noch einmal zu betonen, dass ich wohl *in* dieser industriell-wissenschaftlich-technischen Welt lebe, sie zum Teil nutze, aber mich nicht *von* ihr aufsaugen lasse; ich weiß als meditierend lebender Mensch zwischen Peripherie und Zentrum zu unterscheiden. Ich begreife z. B., dass es den Schreibcomputer gibt, aber das heißt doch noch lange nicht, dass dieser Schreibcomputer mir eines Tages die Frage abnehmen wird: *wer* ich bin und *was* ich zu tun und zu lassen habe. Ich bin natürlich bereit, mich hier und da an diese technische Welt anzupassen, aber das heißt doch noch lange nicht, dass ich mich von ihr abhängig mache, gar mich in ihr verliere? Ich bin nach wie vor so frei, dass auf meinem Tisch hier noch kein Computer und vor meinem Fenster noch kein

Auto steht, aber ich werde selbstverständlich den Computer nutzen und mit dem Auto fahren, wann immer ich eben das Auto wirklich brauche; zu mehr verstehe ich mich hier nicht. Meine Buddhanatur ist davon völlig unberührt. Das ist das, was du noch immer nicht begreifst und was du auch nicht begreifen kannst, weil du noch nicht meditativ lebst.

C. K.: Du kennst als Yoga-Lehrer die Aspekte spiritueller Wege, die Vorstellungen, die sich um den Begriff »Erleuchtung« ranken, die Bedürfnisse nach Einheit und Ganzheit, nach Liebe und Transzendenz, die auch immer in Gefahr steht, diese (... böse) Welt und den menschlichen Körper links liegen zu lassen. Während der Osten die Verwirklichung auf dem inneren meditativen Weg suchte und dabei das Äußere vernachlässigte, ging man im Westen – zumindest die kulturprägende Mehrheit – den Weg nach außen, der in die Technik und die technisch hergestellten Welten mündet. Nun scheint es fast, als würde uns von dieser Technik die Erfüllung der immer unterschwellig vorhandenen spirituellen Bedürfnisse versprochen: Alles hängt mit allem zusammen, wir können jederzeit überall hinsehen, alles wissen, alle Menschen erreichen – die »Eine Welt«, technisch vereint in einer globalen Kultur scheint möglich. Was denkst du dazu?

H.-P. Hempel: Ich gehe bei allem Respekt nicht den Theravada-Weg; ich bin ein Bodhisattva, – ein Buddha, der unter anderem und in aller Bescheidenheit abendländische Wissenschaft betreibt, dabei aber die Alternativen dazu nicht aus dem Auge verliert. Eine solche Alternative sehe ich in der Wissenschaft der Leiblichkeit, im Yoga, der seinerseits im Aryuveda gründet. Ich denke, dass in dem Maße, in dem die abendländische Medizin, der wir viele Einsichten und Fortschritte verdanken, heute an die Grenzen ihrer Möglichkeiten stößt, so dass der Ruf nach einer Alternative noch zunehmen wird.

Alles andere halte ich für Geschwätz. Dazu gehört auch das Geschwätz von der »einen Welt«, die die industriell-wissenschaftlich-technische Welt gegenwärtig im Cyberspace hervorbringe. Man muss schon vom eurozentrisch-patriarchalen Leben und Denken geradezu besessen sein, um daran zu glauben, woran wir im Interesse der Machteliten dieser technischen Welt heute glauben sollen. Genau hingesehen und hingehört werden wir heute aber schon eines anderen belehrt: wie macht- und hilflos man gerade in den Chefetagen dieser Großkonzerne angesichts der Tatsache ist, nicht mehr zu wissen, wohin es mit diesem utopischen Fortschritt geht; auf Werbebroschüren sollten intelligente Menschen nicht hereinfallen.

C. K.: In deinen Büchern – z. B. in »Was lehrt Zen?« –, aber auch in deinen politisch-wissenschaftlichen Vorträgen sprichst du von der Entfremdung vom »wirklichen Leben«, die unseren modernen Alltag bestimmt. Wir sollen – mittels Yoga oder anderer Wege – uns selbst kennen lernen und dieses »reale Leben« wiederfinden. Angesichts der Aufsplitterung des modernen Lebens in viele technisch-mediale »Lebenswelten« frage ich dich: Meinst du mit der »wirklichen Wirklichkeit« das, was bleibt, wenn man die Medienwelten wegdenkt? Wachwerden und Einschlafen, Essen-Zubereiten, Aufräumen, einen Spaziergang machen? Ist ein solches Leben technikfrei zu denken?

H.-P. Hempel: Ich mache in der Tat einen Unterschied zwischen der offenen Wirklichkeit einerseits und der Realität als eindimensionales Konstrukt der industriell-wissenschaftlich-technischen Welt andererseits. Die offene Weite erfahre ich in der Meditation, d. h. im ständigen Aufbruch in das Unversicherbare (Sein, sat, thora, tao) *in* einer mich umgebenden »Realität«, die mir immer wieder weiß machen will, dass

ich nur in ihr wirklich Sicherheit finden kann. Weder in dieser, noch in jener Welt ist dies möglich, weil wir Menschen
nun einmal als abgründige Wesen in einer abgründigen Welt
leben, die weder philosophisch noch wissenschaftlich-tech-
nisch versicherbar zu machen ist. Und was wir angesichts
dieses Faktums und der Falle, in der wir uns heute befinden,
tun – *Du* auf deine Weise, ich auf meine –, ist wie ein Tropfen
im Ozean. Aber so lebt Buddha – ohne diesen Tropfen wäre
der Ozean leer. Und das ist doch schon was.

Glossar

Bodhisattva: ein erwachtes Wesen, das sich weigert, ins Nirvana einzutreten, bevor es nicht alle mit der Lehre Buddhas vertraut gemacht hat; es wird nur gemeinsam mit allen anderen Existenzen
den Zustand des Buddhas erreichen.

Koan: ein widersprüchliches Existenzproblem, das dem Schüler zur
Lösung aufgetragen wird.

Mantra: ein Klang, der eine besondere Schwingung in uns hervor-
ruft.

Mudra: eine Körper-, insbesondere Handhaltung bzw. -geste.

Maya: Schleier, Schein.

Nirvana: völliges Erlöschen aller Erscheinungen – Zustand der Aufklärung des individuellen Ichs – Befreiung aus dem Kreislauf der
Wiedergeburten.

Samadi: ein Zustand, der über Wachen, Träumen und Tiefschlaf
hinausgeht und in dem das vorstellende Denken aufhört.

Sutra: Leitfaden – Lehrrede des Buddha.

Vipassana: Einsicht, Klarheit.

Za-sen: stilles Sitzen in sich selbst.

Hans-Peter Hempel

Im Hier und Jetzt

Unterweisungen im Zen-Yoga

188 Seiten. RBL 20031. € 8,90

ISBN 3-379-20031-X

Hempel plädiert für ein ganzheitliches Leben, das neben dem Kopf den Körper nicht vergisst. Der Leser wird eingeladen, sich von den Zwängen des Alltags zu befreien, in sich hineinzuhorchen und sich auf eine Reise zu begeben, die ihn in einen Zustand von Harmonie und persönlicher Erfüllung im Hier und Jetzt versetzt.

»Die Lektüre dieses Buches sei jedem empfohlen, der das Gefühl hat, dass sich bei aller Bewegung nichts mehr bewegt.«
Rüdiger Safranski

RECLAM
LEIPZIG

Andreas Brenner

Jörg Zirfas

Lexikon der Lebenskunst

375 Seiten. RBL 20015. € 13,50

ISBN 3-379-20015-8

Die Philosophie der Lebenskunst erlebt eine Renaissance. Zur Debatte steht heute nicht mehr nur die klassische Frage der Ethik, was wir tun sollen, sondern die Frage, wie wir leben können. Das Buch stellt sich allen relevanten lebenspraktischen Problemfeldern, bietet philosophische Anleitung, übt uns in der Kunst aller Künste.

Aus dem Inhalt: Älter werden, Angst haben, Essen und Trinken, Ekel empfinden, Geduld haben, Glück haben, Grausam werden, Lust empfinden, Siechen und Sterben, Freiheit und Gemeinschaft und vieles mehr.

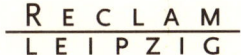

RECLAM
LEIPZIG

Annemarie Pieper
Selber denken

Anstiftung zum Philosophieren

189 Seiten. RBL 1585. € 8,60
ISBN 3-379-01585-7

Totgesagte leben länger: Die Philosophie hat seit ihren Anfängen vor mehr als zweieinhalbtausend Jahren nichts von ihrer Faszination eingebüßt – so oft sie auch abgeschrieben, für überflüssig erklärt oder unter Kuratel gestellt wurde. Diese Wirkung hat zweifellos mit der Unbestechlichkeit zu tun, die einem klaren Kopf zugeschrieben wird: Er allein ermöglicht Durchblick, Weitblick und Überblick.

Die in diesem Band ausgebreiteten Texte gelten den »großen« Themen der abendländischen Philosophie, dem Guten, dem Wahren, dem Schönen oder den Utopien. Annemarie Pieper kommentiert diese Gedanken prägnant und verknüpft sie zu einem imposanten Netzwerk, das die Lust am Denken befördern will. Sich auf eigene Kompetenz zu besinnen und den Dingen zwanglos auf den Grund zu gehen – dazu lädt sie ein, dazu möchte sie anstiften.

R E C L A M
L E I P Z I G

Die Kick–Kultur

Zur Konjunktur der Süchte

Herausgegeben von Peter Kemper und
Ulrich Sonnenschein
372 Seiten. RBL 20020. € 13,50
ISBN 3-379-20020-4

»Die Faszination dieses Buches steckt bereits in der Widersprüchlich-
keit seines Titels, der Sucht und Süchte nicht als zwanghafte psychi-
sche und physische Abhängigkeiten darstellt, sondern als Phänome
des Zeitgeistes. Die einzelnen Beiträge sind informativ, facettenreich
und angenehm zu lesen.«
Psychologie heute

»Durchweg intelligente, prägnante Beiträge über alles, was irgendwie
Lust und süchtig machen kann. Ein veritables Stück praktizierter Kul-
turgeschichte für zwischendurch!«
Freitag

RECLAM
LEIPZIG